AF898459

k:wer-Texte

Herausgegeben von
Prof. Dr. Edmund Brandt

Redaktion:
Prof. Dr. Bernd Günter

INSTITUT FÜR RECHTSWISSENSCHAFTEN

k:wer
KOORDINIERUNGSSTELLE
WINDENERGIERECHT

Malte Fiedler

Die Umstellung von der staatlich festgelegten Vergütungshöhe auf das Ausschreibungsmodell

Risiken für Akteursvielfalt und Bürgerwindparks

BWV • BERLINER WISSENSCHAFTS-VERLAG

Bibliografische Informationen der Deutschen Nationalbibliothek

Die Deutsche Nationalbibliothek verzeichnet diese Publikation in der Deutschen Nationalbibliografie; detaillierte bibliografische Daten sind im Internet über http://dnb.d-nb.de abrufbar.

ISBN (Print) 978-3-8305-3758-8
ISBN (E-Book) 978-3-8305-2207-2

ISSN (Print) 2367-2900
ISSN (Online) 2367-2919

© 2017 BWV • BERLINER WISSENSCHAFTS-VERLAG GmbH,
Markgrafenstraße 12–14, 10969 Berlin
E-Mail: bwv@bwv-verlag.de, Internet: http://www.bwv-verlag.de
Printed in Germany. Alle Rechte, auch die des Nachdrucks von Auszügen, der fotomechanischen Wiedergabe und der Übersetzung, vorbehalten.

Inhaltsverzeichnis

Abbildungsverzeichnis

Tabellenverzeichnis

Einführung

1. Relevanz des Themas

Erneuerbare Energien haben sich in den vergangenen Jahren zu einer wichtigen Säule der deutschen Energieversorgung entwickelt (vgl. Abbildung 1). Erneuerbare Energien umfassen dabei nach § 3 Nr. 21 EEG 2017[1] Wasserkraft, Windenergie, solare Strahlungsenergie, Geothermie und Energie aus Biomasse. Während 1990 der Anteil der erneuerbaren Energien am Bruttostromverbrauch noch unter 5 % betrug, kann insbesondere seit der Jahrtausendwende eine starke Steigerung erkannt werden. So lag der Anteil der erneuerbaren Energien im Jahr 2014 bereits bei 27,8 %[2]. Nach Angaben des Bundesministeriums für Wirtschaft und Energie (BMWi) wird sich diese Entwicklung auch zukünftig fortsetzen, nicht zuletzt durch den bewussten Ausbau der erneuerbaren Energien im Rahmen der Energiewende. Dabei spielt das Erneuerbare-Energien-Gesetz (EEG) als zentrales Instrument eine besondere Rolle[3]. Ziel des Gesetzes ist gem. § 1 Abs. 2 EEG 2017 der Ausbau der erneuerbaren Energie bis 2050 auf einen Anteil von mindestens 80 %.

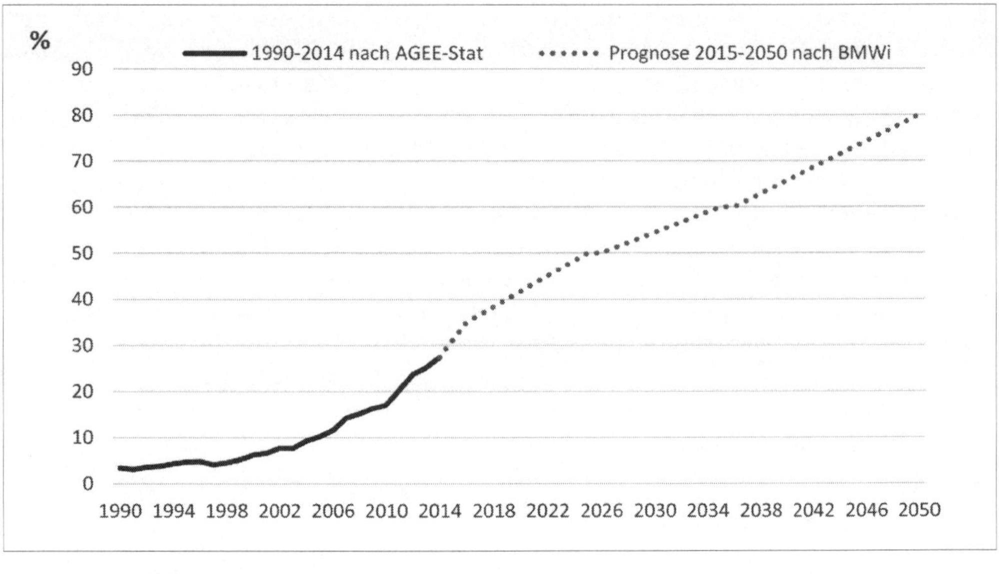

Abbildung 1: Anteil der erneuerbaren Energien am Bruttostromverbrauch[4]

---

1 „Erneuerbare-Energien-Gesetz vom 21. Juli 2014 (BGBl. I S. 1066), das durch Artikel 1 des Gesetzes vom 13. Oktober 2016 (BGBl. I S. 2258) geändert worden ist (BGBl. I S. 2258).

2 Vgl. AGEE-Stat, 2015, S. 3.

3 Vgl. BMWi 2, Eckpunktepapier zur EEG-Novelle 2016 vom 8. Dezember 2015, 2015, S. 1.

4 Eigene Darstellung nach AGEE-Stat, 2015, S. 3 und BMWi 2, Eckpunktepapier zur EEG-Novelle 2016 vom 8. Dezember 2015, 2015, S. 1.

2. Zielsetzung und zentrale Fragestellung

a) Ziele und Forschungsfragen

Die Aktualität und weiter zunehmende Bedeutung der erneuerbaren Energien aufgreifend, setzt sich die vorliegende Arbeit mit der Umstellung von der staatlich festgelegten Förderhöhe auf das Ausschreibungsverfahren entsprechend der 2016 verabschiedeten Novellierung des Erneuerbare-Energien-Gesetzes (im Folgenden EEG 2017) auseinander. Dabei beschränkt sich die Betrachtung ausschließlich auf das Gebiet der Windenergie an Land. Ein Ziel der Arbeit ist es, in diesem Rahmen aufzuzeigen, welchen Einfluss die Umstellung der Stromvergütung auf das Ausschreibungsmodell gem. EEG 2017 auf die Energiewende und damit zukünftige Entwicklung der erneuerbaren Energien haben könnte. Präziser formuliert ergibt sich daraus die erste, der Arbeit zugrundeliegende Forschungsfrage:

Trägt eine Umstellung des Vergütungsmodells auf ein Ausschreibungsmodell zur Zielerreichung des § 1 Abs. 2 EEG 2017 bei?

Neben möglichen Chancen könnte mit Umstellung des Vergütungsmodells zugleich aber auch das Risiko von negativen Effekten insbesondere auf einzelne Akteure der Windenergiebranche einhergehen. Das Eckpunktepapier des BMWi zum EEG 2016 führt als einen wichtigen Aspekt bei der Einführung eines Ausschreibungsverfahrens die Erhaltung der gegenwärtig die Windenergie an Land kennzeichnende Akteursvielfalt[5] auf. Doch ist die Umstellung auf Ausschreibungsverfahren vereinbar mit dem Schutz der Akteursvielfalt? § 3 Nr. 4 EEG 2017 definiert allgemein den Ausschreibungsbegriff als „ein transparentes, diskriminierungsfreies und wettbewerbliches Verfahren" zur Bestimmung der Höhe der finanziellen Förderung. Trotz Wahrung der Akteursvielfalt, insbesondere durch diskriminierungsfreie Verfahren, könnten dennoch vor allem Akteure mit kleinen oder wenigen Anlagen durch Ausschreibungsverfahren gefährdet werden[6]. Das Ausmaß dieser Gefährdung soll im Rahmen der zweiten und gleichzeitig zentralen Forschungsfrage betrachtet werden:

Welche Risiken könnten sich für kleine Windparkbetreiber und Bürgerenergiegesellschaften ergeben?

b) Aufbau der Arbeit

Die Arbeit ist in vier Hauptbereiche gegliedert: Beginnend wird im Rahmen einer theoretischen Einführung die aktuelle Situation der Windenergie an Land dargestellt und die Aktualität der Thematik verdeutlicht. Anschließend folgt im zweiten Kapitel eine Darstellung der relevanten theoretischen Grundlagen. Insbesondere soll dabei die vorherige Form der Ver-

5 Vgl. BMWi 2, Eckpunktepapier zur EEG-Novelle 2016 vom 8. Dezember 2015, 2015, S. 1 f.

6 Vgl. BMWi, 2015, S. 6.

gütung des eingespeisten Stroms auf Grundlage des EEG 2014 vorgestellt werden. Entsprechend der zentralen Thematik dieser Arbeit wird das EEG 2017 vorgestellt und auf wichtige Punkte möglicher Ausschreibungsmodelle eingegangen. Dabei werden auch Eckpunktepapiere und Stellungnahmen zum EEG 2017 herangezogen, so etwa der vom Bundesministerium für Wirtschaft und Energie (BMWi) vorgelegte Referentenentwurf mit Stand vom 14. April 2016[7], auch unter der Berücksichtigung des vorhergehenden Eckpunktepapieres vom 8. Dezember 2015. Ein weiterer Begriff, der in diesem Kapitel im Hinblick auf weitere Diskussionen vorgestellt und abgegrenzt werden soll, ist der der sogenannten Bürgerwindparks. Als zentrale Literatur für die vorliegende Arbeit werden insbesondere die entsprechenden Gesetzestexte und Verordnungen herangezogen. Es sei angemerkt, dass die Novellierung des EEG einschließlich bis zur Entwurfsfassung noch als „EEG 2016" bezeichnet wurde. Erst mit Bericht und Beschlussempfehlung des Bundestagsausschusses für Wirtschaft und Energie vom 6. Juli 2016 (BT-Drs. 18/9096) wurde die amtliche Abkürzung des Gesetzes auf „EEG 2017" festgelegt.

Die anschließende Analyse befasst sich eingehender die möglichen Folgen einer Umstellung von Direktvermarktung bzw. staatlich festgelegter Einspeisevergütung auf das zuvor vorgestellte Ausschreibungsmodell. Dabei bilden die im vorherigen Abschnitt aufgestellten Forschungsfragen den zentralen Rahmen der Analyse. So soll zunächst anhand der Photovoltaik ein Beispiel für eine bereits erfolgte Umstellung gegeben werden, bevor die Ausführung sich auf das zentrale Thema, der Windenergie an Land, fokussiert. Hier sollen im Rahmen der Analyse mögliche Chancen aufgezeigt werden, die sich durch die Umstellung für die Energiewende und die Stärkung der EE ergeben. Anschließend sollen dann mögliche Risiken, besonders für kleine Betreiber von Windparks, untersucht werden. An dieser Stelle wird insbesondere auf die im zweiten Abschnitt abgegrenzten Bürgerwindparks eingegangen. Als wichtige Quelle werden an dieser Stelle die Stellungnahmen von Bundesländern und Unternehmen bezüglich der Umstellung auf das EEG 2017 einbezogen. Abschließend sollen im Rahmen eines Fazits Schlussfolgerungen gezogen und ein Ausblick gegeben werden.

7 Entwurf eines Gesetzes zur Einführung von Ausschreibungen für Strom aus erneuerbaren Energien und zu weiteren Änderungen des Rechts der erneuerbaren Energien mit Bearbeitungsstand 14. April 2016.

I. Theoretische Grundlagen

1. Erneuerbare Energien

Die Begriffsdefinition der erneuerbaren Energien, oder auch regenerativen Energien, ist in der Literatur nicht einheitlich festgeschrieben. Quaschning definiert erneuerbare Energien etwa als alle Energiequellen, die „unter menschlichen Zeithorizonten unerschöpflich sind"[8]. Regelous und Meyn führen dabei an, dass die Menge verfügbarer Energie durchaus limitiert sein kann, solange sie durch Nachproduktion langfristig nicht abnimmt.[9] Die Energiequellen lassen sich nach Quaschning drei Kategorien zuordnen: Sonnen-, Planeten- und geothermische Energie. Die aus diesen Quellen resultierenden Energieformen, wie etwa Wind, Niederschlag, Biomasse, Solarstrahlung oder Erdwärme, können durch technische Umwandlung in Wärme, Elektrizität oder Brennsoff nutzbar gemacht werden.[10]

Für das Verständnis der vorliegenden Arbeit soll – unter Vernachlässigung physikalischer Hintergründe – eine Definition der erneuerbaren Energien entsprechend der sich aus dem Erneuerbare-Energie-Gesetzes erschließenden Abgrenzung ausreichen. Erneuerbare Energien nach § 3 Nr. 21 EEG 2017 umfassen dabei Wasserkraft, Windenergie, solare Strahlungsenergie, Geothermie und Energie aus Biomasse. Dabei wird nach § 3 Nr. 48 f. EEG 2017 zwischen Windenergie an Land und Windenergie auf See unterschieden. Hierbei umfasst Windenergie auf See im Sinne des § 3 Nr. 7 WindSeeG „jede Anlage zur Erzeugung von Strom aus Windenergie, die auf See in einer Entfernung von mindestens drei Seemeilen gemessen von der Küstenlinie [...] aus seewärts errichtet worden ist"[11]. Als Windenergie an Land gelten entsprechend nach § 3 Nr. 48 EEG 2017 jene Anlagen, die nicht unter diese Definition fallen.

2. Windenergie an Land

Zentrale Technologie der Energiewende ist die Windenergie an Land. Bei einem Anteil von 35,4 % an allen erneuerbaren Energien im Jahr 2014 entspricht das gemessen am gesamten Bruttostromverbrauch in Deutschland einem Anteil von 9,5 %, der der Windenergie an Land zugeschrieben werden kann.[12] Allein im Jahr 2015 wurden bundesweit 1.368 Windenergieanlagen (WEA) mit einer Nennleistung von 3,7 GW brutto zugebaut. Damit lag der Gesamtbestand an WEA zum Jahresende bei 25.980 Anlagen mit insgesamt 41.651,5 GW Nennleistung. [13] Der Bruttozubau allein im Jahr 2015 liegt dabei fast 1 GW über dem in § 4 Nr. 1a EEG 2017

8 Quaschning, 2013, S. 34.

9 Vgl. Regelous & Meyn, 2011, S. 1.

10 Vgl. Quaschning, 2013, S. 34 f.

11 Gesetz zur Entwicklung und Förderung der Windenergie auf See – WindSeeG (Stand v. 18.10.2016) – Art. 2 im Gesetz zur Einführung von Ausschreibungen für Strom aus erneuerbaren Energien und zu weiteren Änderungen des Rechts der erneuerbaren Energien

12 Vgl. BMWi 4, 2015, S. 9.

13 Vgl. Deutsche WindGuard, 2016, S. 2.

festgelegten jährlichen Ausbauziel für Windenergie an Land für das Jahr 2017. Für die nächsten 20 Jahre erwartet das BMWi einen jährlichen Nettozubau von durchschnittlich 4,4 GW.[14] Im Vergleich der Bundesländer steht Schleswig-Holstein mit einem Anteil von 23,8 % am bundesweiten Bruttoleistungszubau an der Spitze. Es folgen Nordrhein-Westfalen (11,3 %), Niedersachsen (11,1 %) und Brandenburg (10,7 %). Betrachtet man ausschließlich die kumulierte Leistung, zeigt sich allerdings der höchste Anlagenbestand mit 8,6 GW Gesamtleistung in Niedersachsen (20,7 %).[15]

Akteure der Projektrealisierung im Bereich der Windenergie an Land werden nach dem BMWi im Wesentlichen in vier Gruppen unterschieden: Projektentwickler, Investoren und Betreiber, Planungsträger als staatlicher Akteur, sowie Hersteller. Insbesondere in der Gruppe der Investoren und Betreiber führt eine hohe Bürgerbeteiligung zu deutlich mehr Akzeptanz in der Bevölkerung und einem nachhaltigen und dauerhaft gesicherten Betrieb von Windparks. Dabei reichen die Beteiligungsformen von bloßen Akzeptanzmaßnahmen über den Verkauf von Anteilen an die Bürger bis hin zu reinen Bürgerwindparks.[16] Die Grundzüge von Bürgerwindparks sollen im folgenden Abschnitt 2.3 definiert und näher beschrieben werden.

3. Bürgerwindparks

Die Kategorie Bürgerwindparks, oder oft synonym Bürgerenergiegesellschaft, ist in der Literatur nicht klar definiert. Es herrscht ein relativ breites Begriffsverständnis, das gleichzeitig die Vielfalt der verschiedenen Modelle widerspiegelt.[17]

Bürgerwindparks im Rahmen dieser Arbeit sind Windparks, die unter wesentlicher Beteiligung von Bürgern finanziert und betrieben werden.[18] § 3 Nr. 15 EEG 2017 gibt zunächst eine Legaldefinition des Begriffs *Bürgerenergiegesellschaft.* Dabei handelt es sich um eine Gesellschaft bestehend aus zehn oder mehr natürlichen Personen, bei denen mindestens 51 % der Stimmrechte liegen, und die mindestens seit einem Jahr mit ihrem Hauptwohnsitz im Landkreis der geplanten Windenergieanlage gemeldet sind. Dabei ist diese Bürgerbeteiligung im engeren Sinne nach Holstenkamp und Degenhart durch mehrere Kriterien gekennzeichnet[19]: Zunächst liegt eine Bereitstellung von Kapital durch Bürger zur Investition in Erneuerbare-Energie-Projekte, hier Windparks, vor. Die Beteiligung erfolgt dabei in Form einer Mehrheitsbeteiligung. Das bedeutet, dass sich die Eigentümergesellschaft der Windenergieanlagen zu mehr als 50 % im Besitz der beteiligten Bürger befindet. Einzelne Kommunen wie der Landkreis Steinfurt sprechen hingegen nicht von Mehrheitsbeteiligung, sondern beziffern den er-

14 Vgl. BMWi 3, 2015, S. 7.

15 Vgl. Deutsche WindGuard, 2016, S. 4 f.

16 Vgl. BMWi 3, 2015, S. 11 f.

17 Vgl. BWE, 2015, S. 18.

18 Vgl. Kahla & Oelerich, 2015, S. 4.

19 Vgl. Holstenkamp & Degenhart, 2013, S. 33 f.

forderlichen Anteil vielmehr auf mindestens 25 %.[20] Die Gruppe der Beteiligten unterliegt dabei einer territorialen Beschränkung auf eine Kommune bzw. einen Landkreis. Gleichzeitig stehen Beteiligungsmöglichkeiten einem möglichst großen Anteil der Bürger aus diesem regional beschränkten Raum offen. Das bedeutet beispielsweise auch, dass finanzielle Einstiegshürden minimal gehalten werden. Ferner verlangen die Kriterien für Bürgerenergie nach Holstenkamp und Degenhart einen gewissen Grad an Gemeinwohlorientierung. Die Investition der Bürger erfolgt also nicht primär mit dem Ziel von Rendite und Gewinnmaximierung. Vielmehr verfolgt sie „nicht-finanzielle, auf das Wohl der Allgemeinheit gerichtete Ziele"[21], etwa die aktive Unterstützung der Energiewende[22]. Ergänzt werden diese Kriterien um mit der Finanzierung verknüpfte Mitbestimmungs- sowie Kontrollrechte der Bürger gegenüber den mit dem Tagesgeschäft und Betrieb beauftragten Akteuren.[23]

Kahla und Oelerich beschreiben Bürgerwindparks zusammenfassend als gekennzeichnet durch „finanzielle, konzeptionelle und organisatorische Beteiligung lokaler und regionaler Akteure"[24]. Bürgerbeteiligung im Bereich der Windenergie ist gekennzeichnet durch eine große Anzahl Akteure bei verhältnismäßig geringer Leistung der Windparks. Dennoch beträgt der Anteil der installierten Leistung aus Bürgerwindparks in Deutschland, abhängig vom zugrunde gelegten Berechnungsmodells, zwischen 15 und 20 %.[25]

Bürgerwindparks spielen nach Kahla und Oelerich eine wichtige Rolle in Bezug auf den Erfolg der Energiewende.[26] Auch der Gesetzgeber misst der Bürgerenergie eine hohe Bedeutung bei und sichert nicht zuletzt durch § 2 Abs. 3 EEG 2017 die Akteursvielfalt im Rahmen der Energiewende. Bürgerenergie unterstützt nach Hauser et al. zum einen die Partizipation der Bürger an nachhaltigen Wirtschaftsprozessen. Gleichzeitig stärkt das Engagement von Bürgern im Bereich der Windenergie die Akzeptanz vor Ort, die bei der Realisierung von Windenergieprojekten eine bedeutende Rolle spielt. Dieser Effekt wird weiter unterstützt durch Transparenz, die durch die Teilnahme von Bürgern an Energieprojekten entsteht. Insbesondere bei kleinen Projekten etwa in der Windenergie an Land kommt es vor, dass Bürger dort die Realisierung übernehmen, wo große Investoren aufgrund von Transaktionskosten und Risiken das Engagement meiden.[27] Hauser et al. gehen davon aus, dass ein Rückgang des Engagements von Bürgern im Bereich erneuerbarer Energieprojekte deutliche negative Folgen für die Energiewende haben würde.[28]

20 Vgl. Paus, et al., 2014, S. 3.

21 Holstenkamp & Degenhart, 2013, S. 33.

22 Vgl. Kahla & Oelerich, 2015, S. 5.

23 Vgl. Holstenkamp & Degenhart, 2013, S. 33 f.

24 Kahla & Oelerich, 2015, S. 5.

25 Vgl. BWE, 2015, S. 22 ff.

26 Vgl. Kahla & Oelerich, 2015, S. 2.

27 Vgl. Hauser, et al., 2015, S. 79 ff.

28 Vgl. Hauser, et al., 2015, S. 82.

4. EEG 2014 – Ausgangssituation

Die erste Fassung des Erneuerbare-Energie-Gesetzes (EEG), auch als Gesetz für den Vorrang erneuerbarer Energien bezeichnet, trat am 1. April 2000 in Kraft und ersetzte damit das Stromeinspeisungsgesetz von 1990.[29] Gem. § 1 EEG ist das Ziel des Gesetzes, insbesondere die „nachhaltige Entwicklung der Energieversorgung“ durch die Erhöhung des Anteils der erneuerbaren Energien. Dabei orientiert sich schon das EEG in seiner ersten Fassung an den Zielen der Europäischen Union.[30] Es folgten mehrere Änderungsgesetze, bis am 1. August 2014 das reformierte EEG in Kraft trat.[31] Dieses EEG 2014 soll der vorliegenden Arbeit zur Darstellung der aktuellen Situation zugrunde gelegt werden.

Wie in der Einleitung dargelegt, beziehen sich die wesentlichen Ziele des Gesetzes für den Ausbau erneuerbarer Energien nach § 1 Abs. 1 EEG 2014 auf die Förderung und den Ausbau der erneuerbaren Energien. Diese Ziele werden nach § 1 Abs. 2 EEG 2014 bezüglich eines zeitlichen Horizonts weiter konkretisiert: Der Anteil des aus erneuerbaren Energien erzeugten Stroms am Bruttostromverbrauch soll so bis zum Jahre 2025 40–45 %, bis 2035 55–60 % und bis zum Jahr 2050 80 % betragen.

Charakteristisch für das EEG 2014 im Vergleich zum EEG 2017 ist Art der Vergütung des eingespeisten Stroms. Anlagenbetreiber haben nach § 19 I EEG einen Anspruch auf eine Marktprämie bei direkter Vermarktung oder eine Einspeisevergütung. Hierbei erhält der Betreiber der Windenergieanlage vom Netzbetreiber eine Marktprämie für die Menge des tatsächlich eingespeisten Stroms. Voraussetzung und Details regeln §§ 34 EEG 2014 ff. Die Höhe der Marktprämie wird entsprechend Anlage I (zu § 34) EEG 2014 monatlich festgelegt und richtet sich nach dem aktuellen Monatsmarktwert für Windenergie an Land am Spotmarkt der Strombörse EPEX Spot SE in Paris. Oberhalb einer installierten Leistung von 500 kW einer Anlage entfällt nach § 37 II Nr.1 EEG 2014 die Wahlmöglichkeit, und die Anlagenbetreiber werden zur Direktvermarktung des Stromes verpflichtet.

5. EEG 2017

a) Eckpunkte

Mit dem EEG 2014 wurde bereits ein wesentlicher Grundstein zur Förderung der erneuerbaren Energien gelegt. Das EEG 2017 soll daran anknüpfen und den Ausbau der erneuerbaren Energien noch zielführender gestalten. Die wesentliche Neuerung im EEG 2017 ist daher die Umstellung von einer Festvergütung auf eine wettbewerbliche Bestimmung der Preise für eingespeisten Strom im Rahmen von Ausschreibungen. Ab 2017 soll es so Ausschreibungen in den Bereichen Windenergie an Land, Windenergie auf See sowie Photovoltaik- und Biomasseanlagen geben, da insbesondere diese Technologien als wesentliche Träger der Energiewende

---

29 Vgl. BGBl. I, S. 309.

30 Vgl. BGBl. I, S. 305.

31 Vgl. BGBl. I, S. 1132.

gelten.[32] An Ausschreibungen im Bereich der Windenergie an Land teilnehmen können Projekte, die die Voraussetzungen aus § 6 BImSchG[33] erfüllen und bereits über eine Genehmigung nach § 4 Abs. 1 BImSchG (BImSchG-Genehmigung) verfügen. Diese sogenannte „späte Ausschreibung“[34] setzt somit den Abschluss der Vorprüfungs-, Planungs- und Genehmigungsphase aller Bieter voraus.[35] Dies bedeutet einerseits einen fortgeschrittenen Planungsstand und damit hohe Vorleistung der Projektierer, andererseits soll es dazu beitragen, die Realisierungswahrscheinlichkeit der einzelnen Projekte zu erhöhen.[36] Wie unten eingehender erläutert, ist Bürgerenergiegesellschaften die Teilnahme an den Gebotsrunden nach § 36g EEG 2017 auch vor Erteilung der BImSchG-Genehmigung möglich.

Ein notwendiges Kriterium bei der Ausgestaltung des Ausschreibungsmodells bleibt auch im EEG 2017 die Wahrung der Akteursvielfalt. Das BMWi sieht hierzu neben Erleichterungen für Bürgerenergiegesellschaften auch die Schaffung von Freigrenzen für kleine Betreiber vor, sodass WEAs mit einer installierten Leistung von maximal 750 kW gem. § 22 Abs. 2 Nr. 1 EEG 2017 vom Ausschreibungsverfahren ausgenommen sind. Für diese Anlagen gilt somit auch zukünftig eine gesetzlich festgelegte Einspeisevergütung. Diese Kleinanlagen spielen allerdings in der Energiewende nur eine untergeordnete Rolle. So lag beispielsweise der Anteil der in Schleswig-Holstein im Jahr 2015 durch das zuständige LLUR[37] genehmigten WEA mit Nennleistung unter 1 MW bei unter 0,5 % (2 Anlagen).[38] Zum Vergleich: Bundesweit betrug die durchschnittliche Nennleistung der zugebauten WEA etwas über 2,7 MW.[39] Dabei ist allerdings zu berücksichtigen, dass Anlagen mit einer Nabenhöhe unter 50 m von der Genehmigungspflicht nach § 4 Abs. 1 BImSchG nicht betroffen sind. Diese Kleinstanlagen verfügen in der Regel über eine geringe Nennleistung. So sind in den Datenbanken des LLUR 300 betriebene Anlagen unter 50 m Gesamthöhe verzeichnet. Diese Anlagen verfügen über eine Gesamtleistung von lediglich 45 MW, was einer durchschnittlichen Leistung je WEA von 150 kW entspricht[40]. Diese Anlagen würden allerdings nach dem EEG 2017 nicht von der Ausschreiberegelung betroffen sein. Im Referentenentwurf zum EEG 2017 war zunächst eine Freigrenze von 1 MW vorgesehen[41], die erst mit der Urfassung und entgegen Branchenforderungen auf 750 kW herabgesetzt wurde. Politiker der Opposition, so etwa der Bundestagsfraktion Bündnis 90/Die Grünen, kritisieren in verschiedenen Bewertungen der

---

32 Vgl. BMWi 2, Eckpunktepapier zur EEG-Novelle 2016 vom 8. Dezember 2015, 2015, S. 2.

33 Gesetz zum Schutz vor schädlichen Umwelteinwirkungen durch Luftverunreinigungen, Geräusche, Erschütterungen und ähnliche Vorgänge (Bundes-Immissionsschutzgesetz) in der Fassung der Bekanntmachung vom 17. Mai 2013 (BGBl. I S. 1274).

34 Bade, et al., 2015, S. 67.

35 Vgl. BMWi 3, 2015, S. 10.

36 Vgl. Klessmann, Wigand, Tiedemann, & Gephart, 2015, S. 47 f.

37 Landesamt für Landwirtschaft, Umwelt und ländliche Räume des Landes Schleswig-Holstein

38 Vgl. LLUR, 2016 .

39 Vgl. Deutsche WindGuard, 2016, S. 2.

40 Vgl. LLUR, 2016 , Stand 20. Mai 2016.

41 Vgl. BMWi 2, Eckpunktepapier zur EEG-Novelle 2016 vom 8. Dezember 2015, 2015, S. 4.

EEG-Novelle die Ausgestaltung dieser Freigrenze. Während die EU-Kommission eine Befreiung von Windkraftanlagen bis zu einer installierten Leistung von 18 MW ermöglicht, legt das EEG-2017 diese Grenze in Deutschland auf 0,75 MW. Die Grünen-Fraktion fordert hier eine vollständige Ausschöpfung der von der EU-Kommission vorgelegten Möglichkeiten.[42]

Im Rahmen der Ausschreibung im Bereich Windenergie an Land ist vorgesehen, dass jeder Teilnehmer einer Ausschreibungsrunde in Form verdeckter Gebote benennen soll, welche Energiemenge er zu welcher Vergütung zur Einspeisung anbieten kann. Alle Gebote werden auf Basis eines Referenzstandortes eingereicht. Das bedeutet, dass alle Bieter den standortabhängigen, tatsächlichen Referenzertrag ihrer Anlage mittels eines gesetzlich festgelegten Korrekturfaktors auf den eines definierten Referenzstandortes umrechnen. Dieser Referenzstandort mit Standortqualität von 100 % bezieht sich nach Anlage 2 Nr. 4 des EEG 2017 auf eine Höhe von 100 m über dem Grund bei einer mittleren Windgeschwindigkeit von 6,45 m/s. Dieses Verfahren soll Gebote vergleichbar machen und gleichzeitig den deutschlandweiten Ausbau der Windenergie gleichmäßig vorantreiben.[43] Das jeweilige Gebot darf einen zuvor festgelegten Maximalwert nicht übersteigen. Dieser Höchstpreis wird anhand vorangegangener Förderhöhen ermittelt und vorab den Bietern kommuniziert. Nach § 36b EEG 2017 beträgt dieser Höchstwert anfangs 7,00 Cent pro Kilowattstunde. Ab dem Jahr 2018 ergibt sich dieser Wert aus dem Durchschnitt der höchsten Zuschläge der vorherigen drei Gebotsrunden, zuzüglich 8 %. Anschließend werden, beginnend mit dem niedrigsten, alle Gebote bezuschlagt, bis das Ausschreibungsvolumen ausgeschöpft ist.[44] Die individuellen Förderhöhen der bezuschlagten Gebote richten sich dabei nach dem tatsächlich abgegebenen Gebot (dieser „pay-as-bid"-Auktionstyp wird in Abschnitt I.1.a) näher vorgestellt) sowie dem tatsächlichen Referenzertrag. Ein erteilter Zuschlag kann gem. § 36 f Abs. 1 EEG 2017 nicht auf ein anderes Projekt übertragen werden.

Um die Realisierungsquote bezuschlagter Projekte zu maximieren, sieht das EEG 2017 sowohl Qualifizierungsanforderungen an die Teilnehmer, als auch Pönalen bei verspäteter oder ausbleibender Realisierung vor. Zu den Teilnahmevoraussetzungen zählen einerseits finanzielle Sicherheiten, andererseits materielle Bedingungen. Materielle Anforderungen stellen beispielsweise der Nachweis eines bestimmten Projektfortschritts über die bereits erwähnte BImSchG dar. Für Bürgerwindparks bis zu einer Gesamtleistung von 18 MW bei maximal 6 Windenergieanlagen entfällt diese Präqualifikationsanforderung nach § 36g Abs. 1 EEG 2017. In § 36g Abs. 1 Nr. 1–3 EEG 2017 werden für diesen Fall alternativ zu erfüllende Anforderungen aufgeführt. Hierzu zählt etwa ein Gutachten „über den zu erwartenden Stromertrag" des Windparks. Die finanzielle Sicherheit nach § 31 EEG 2017 i.V.m. § 36a EEG 2017, auch „Bid-Bond"[45] genannt, soll in Höhe von 30 Euro pro Kilowatt der Gebotsmenge vom Bieter hinterlegt werden. Sie dient einerseits zur Sicherstellung der Ernsthaftigkeit eines Gebotes, kann andererseits gem. § 55 EEG 2017 im Falle einer Verzögerung oder Nichtumsetzung innerhalb von zwei Jahren aber auch als Pönale einbehalten werden. Für Bürgerenergieprojekte

42 Vgl. Bündnis 90/Die Grünen Bundestagsfraktion, 2016, S. 4.

43 Vgl. BMWi 2, Eckpunktepapier zur EEG-Novelle 2016 vom 8. Dezember 2015, 2015, S. 4 f.

44 Vgl. BMWi, 2015, S. 8.

45 Girmscheid, 2015, S. 39.

teilt sich diese Sicherheit nach § 36g Abs. 2 EEG 2017 in zwei Beträge: 15 € pro kW installierte Leistung sind vor Gebotsabgabe zu hinterlegen, eine Aufstockung auf 30 € pro kW wird erst bei Gebotszuschlag fällig. Dieser aufgestockte Betrag entspricht etwa 0,5 % der Investitionskosten einer Windenergieanlage.[46] Die Anlage zum Referentenentwurf zum EEG 2017 konkretisiert in Kapitel VI Abschnitt 4 den Erfüllungsaufwand für die Wirtschaft. Das BMWi schätzt hier die Kosten für die Bieter im Bereich der Windenergie an Land aufgrund der Umstellung auf Ausschreibungen durchschnittlich auf rund 9.053 Euro pro Gebot, ohne dass ein Zuschlag erteilt worden ist. Die Kosten hängen durch die zu leistende Erstsicherheit von der installierten Leistung der Windenergieanlagen ab. Bei Zuschlagserteilung folgen weitere Kosten für Zweitsicherheit und Nachweisführung der Erträge.

Das Ausschreibungsvolumen für Strom aus Windenergie an Land ist in § 28 Abs. 1 EEG 2017 geregelt und beträgt jährlich 2.800 MW. Das Volumen verteilt sich für das Jahr 2017 auf drei Ausschreibungsrunden zu 800, 1.000 und 1.000 MW, für die Jahre 2018 und 2019 auf vier Runden á 700 MW. Ab dem Jahr 2020 wird das Volumen in drei Runden ausgeschrieben. Dabei regelt § 28 Abs. 1 Nr. 3 EEG 2017 die Verteilung auf eine Gebotsrunde zu 1.000 MW und je 950 MW für die weiteren zwei.

Es sei angemerkt, dass die Ausschreibungsmenge für Strom aus Windenergie an Land noch im Eckpunktepapier zum EEG 2017 variabel durch eine Formel errechnet werden sollte. Danach sollte sich das Ausschreibungsvolumen nach der jährlichen Zielmenge für den gesamten Strom aus erneuerbaren Energien richten. Da für alle anderen EE-Technologien zunächst eine feste Ausschreibungsmenge vorgesehen war, sollte allein die ausgeschriebene Menge bei Windenergie an Land die Einhaltung des Ausbaukorridors für erneuerbare Energien steuern.[47] Diese jeweilige Ausschreibungsmenge errechnete sich dabei vereinfacht wie in Abbildung 2 dargestellt.

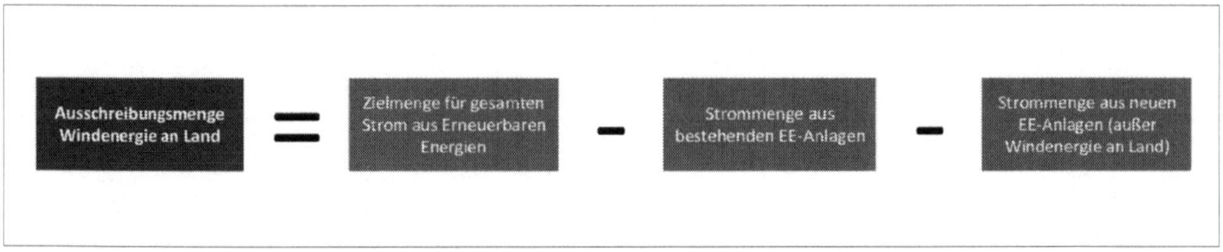

Abbildung 2: Ausschreibungsmenge (ursprüngliche Planung)[48]

Mit dem EEG 2017 legt das BMWi nun mit § 4 Nr. 1 EEG 2016 allerdings erstmals Höchstwerte für jährlich installierte Leistung fest. Dabei wird auch, wie beschrieben, die für die Energiewende bedeutsame Windenergie an Land auf einen Bruttozubau von 2.800 MW pro Jahr fixiert.

46 Vgl. Anhang zu § 37a des Referentenentwurfs zum EEG 2016 vom 14. April 2016.

47 Vgl. BMWi 2, Eckpunktepapier zur EEG-Novelle 2016 vom 8. Dezember 2015, 2015, S. 6.

48 Nach BMWi 2, Eckpunktepapier zur EEG-Novelle 2016 vom 8. Dezember 2015, 2015, S. 6.

b) Zeitlicher Verlauf

Nach anfänglichen Marktanalysen und Diskussionsprozessen mit Unternehmen, Verbänden, Bundesländern und Behörden und nach Auswertung wissenschaftlicher Empfehlungen eines Forschungskonsortiums leitete das BMWi mit Veröffentlichung des Eckpunktepapiers zur Novellierung des EEG am 31. Juli 2015 eine Konsultationsphase ein. Bis zum 1. Oktober 2015 eröffnete man allen Akteuren die Möglichkeit zu Stellungnahmen, die anschließend ausgewertet und in die Diskussion einbezogen wurden.[49] Am 8. Dezember 2015 veröffentlichte das BMWi ein weiteres Eckpunktepapier, das nach Auswertung der 177 eingegangenen Stellungnahmen ergänzt und konkretisiert wurde.[50] Nach einer erneuten Überarbeitung des Eckpunktepapieres zum 15. Februar 2016 legte das BMWI am 14. April 2016 einen ersten Referentenentwurf zur EEG-Novelle vor. Nachdem am 8. Juni 2016 der Regierungsentwurf beschlossen wurde, fand hierzu am 17. Juni 2016 die entsprechende Beratung hierzu im Bundesrat (BR) statt. Die erste Lesung im Bundestag (BT) folgte am 24. Juni 2016. Am 8. Juli folgten schließlich zweite und dritte Lesung im BT, sowie Plenarberatung im Bundesrat. Das EEG 2017 wurde schließlich zum 13. Oktober ausgefertigt und im Bundesgesetzblatt veröffentlicht. Es trat am 1. Januar 2017 in Kraft.

Der erste Gebotstermin für Windenergie an Land ist gem. § 28 Abs. 1 EEG 2017 für den 1. Mai 2017 vorgesehen. Im gleichen Jahr sollen zwei weitere Ausschreibungsrunden durchgeführt werden. In den darauffolgenden Jahren 2018/2019 wird es jeweils vier Ausschreibungsrunden geben. Ab 2020 gilt schließlich eine feste Frequenz von drei Ausschreibungen pro Jahr, die sich zeitlich an den Ausschreibungsterminen im Bereich der Photovoltaikfreiflächenanlagen orientieren sollen.[51] In § 28 Abs. 1 Nr. 3 EEG 2017 werden die Gebotstermine auf den 1. Februar, den 1. Juni und den 1. Oktober eines Jahres festgelegt.

c) Zugrundeliegende EU-Empfehlung

Gleichzeitig mit der Zielvereinbarung der Großen Koalition aus CDU, CSU und SPD für die 18. Legislaturperiode liegt der Entscheidung zur Einführung von Ausschreibungen zur Einspeisungsvergütung eine Leitlinie der Europäischen Kommission zugrunde. Die Leitlinie für staatliche Umweltschutz- und Energiebeihilfe 2014 - 2020 sieht in Nr. 3.3.2.1 Randnummer (126) die Ausschreibung von Beihilfen anhand „eindeutiger, transparenter und diskriminierungsfreier Kriterien" vor.[52] Diese Bedingungen gelten auch nach Rechtsprechung des EuGH als entscheidende Zulässigkeitsvoraussetzung für die Einführung von Ausschreibungsverfahren.[53] Gleichzeitig findet sich diese Maßgabe auch im Eckpunktepapier des BMWi wieder[54], die ebenso wie

49 Vgl. BMWi, 2015, S. 3.

50 Vgl. BMWi, 2016 .

51 Vgl. BMWi 2, Eckpunktepapier zur EEG-Novelle 2016 vom 8. Dezember 2015, 2015, S. 4.

52 Vgl. Mitteilung der Kommission – Leitlinien für staatliche Umweltschutz- und Energiebeihilfen 2014–2020 vom 28.6.2014, ABl. C 200, S. 26.

53 Vgl. Mohr, 2015, S. 101.

54 BMWi, 2015, S. 1.

§ 3 Nr. 4 EEG 2017 das geplante Ausschreibungsinstrumentarium als „ein transparentes, diskriminierungsfreies und wettbewerbliches Verfahren“ zur Bestimmung der Höhe der finanziellen Förderung bezeichnet. Die EU-Kommission zielt mir ihrer Leitlinie dabei auf eine „Begrenzung der Beihilfen auf das erforderliche Minimum“[55] ab und versucht dadurch, negative Effekte von Beihilfen auf den Wettbewerb und Handel zu vermeiden. So sollen die gemeinsamen Interessen der Mitgliedsstaaten und der Handel untereinander gewahrt werden.[56]

Nach Art. 108 Abs. 1 S. 2 AEUV ist die Europäische Kommission grundsätzlich befugt, den Mitgliedstaaten zweckdienliche Maßnahmen vorzuschlagen, die für die Entwicklung des Binnenmarktes notwendig sind. In Nr. 5 Randnummer (250) der Leitlinie für staatliche Umweltschutz- und Energiebeihilfe 2014–2020 beruft sich die EU-Kommission auf diesen Artikel und empfiehlt den Mitgliedsstaaten, ihre eigenen Regelungen entsprechend an die genannten Leitlinien anzupassen.[57]

d) Festgelegtes Ausschreibungsmodell: Gebotspreisauktion

Während im Rahmen der Pilotausschreibung im Bereich der Photovoltaik-Freiflächen zwei unterschiedliche Auktionsmodelle erprobt wurden, legte sich das BMWi im Eckpunktepapier vom 8. Dezember 2015 für Windenergie an Land schließlich erstmals auf das sogenannte Gebotspreisauktionsprinzip fest.[58] Dieses Zuschlagsverfahren ist letztlich in § 32 EEG 2017 festgelegt. Im Gegensatz zum zweiten diskutierten Modell, der Einheitspreisauktion erhält hier jeder Anbieter nur die Bezahlung, die er auch tatsächlich fordert. Daher wird dieser Auktionstyp auch als „pay-as-bid-auction“[59] bezeichnet. So erhält der Stromanbieter, der ein günstigeres Gebot als der teuerste bezuschlagte Anbieter abgibt, nicht automatisch den Preis dieses höchsten Gebotes, sondern nur jenen Zuschlag im Umfang seines eigenen Gebotes.[60] Dieser Zuschlagswert ist in §3 Nr. 51 EEG 2017 nach den beschriebenen Kriterien legaldefiniert. Nach § 32 Abs. 1 EEG 2017 erteilt die Bundesnetzagentur die Zuschläge beginnend beim niedrigsten Gebot bis zur Erschöpfung des Ausschreibungsvolumens. Bei gleichen Geboten entscheidet dabei gem. § 32 Abs. 1 Nr. 2 EEG 2017 das Los. Zuschläge werden nach § 35 EEG 2017 mit Angabe des Bieters, des Standortes der Anlage, des gesamten Zuschlagskorridors der Gebotsrunde und des mengengewichteten durchschnittlichen Zuschlagswertes durch die Bundesnetzagentur im Internet veröffentlicht. Für Bürgerenergiegesellschaften nach

55 Mitteilung der Kommission – Leitlinien für staatliche Umweltschutz- und Energiebeihilfen 2014-2020 vom 28.6.2014, ABl. C 200, S. 3.

56 Vgl. Mitteilung der Kommission – Leitlinien für staatliche Umweltschutz- und Energiebeihilfen 2014–2020 vom 28.6.2014, ABl. C 200, S. 2f.

57 Vgl. Mitteilung der Kommission – Leitlinien für staatliche Umweltschutz- und Energiebeihilfen 2014–2020 vom 28.6.2014, ABl. C 200, S. 43.

58 Vgl. BMWi 2, Eckpunktepapier zur EEG-Novelle 2016 vom 8. Dezember 2015, 2015, S. 3.

59 Grimm, Ockenfels & Zoettl, 2008, S. 150.

60 Vgl. Grimm, Ockenfels & Zoettl, 2008, S. 150.

§ 3 Nr. 15 EEG 2017 ist hier eine Sonderregelung vorgesehen: Bürgerenergiegesellschaften erhalten nach § 36g Abs. 5 EEG 2017 nicht den Zuschlagswert ihres Gebotes, sondern vielmehr den des „höchsten noch bezuschlagten Gebots desselben Gebotstermins“.

e) Alternatives Ausschreibungsmodell: Einheitspreisauktion

Ein weiteres Modell, das bis zur Veröffentlichung des Eckpunktepapiers vom 8. Dezember 2015 noch für die Windenergie an Land in Erwägung gezogen wurde, folgt dem sogenannten Einheitspreisauktionsprinzip. Dieser auch als uniform-pricing-auction bezeichnete Auktionstyp stellt nach Grimm et al. den gängigsten Vertreter der Preisregeln auf dem Strommarkt dar.[61] Verallgemeinert ist die Grundlage dieses Modells, dass allen Bietern der gleiche Preis bezahlt wird, der sogenannte Markträumungspreis. Dieser kann beispielsweise der Preis des teuersten angenommenen Gebotes sein.[62] Weiter unten in Abbildung 3 wird dieser ermittelte Preis als Schnittpunkt der Angebots- und Nachfragefunktion dargestellt. Alle Gebote oberhalb des Markträumungspreis, oder auch Uniform-Price, erhalten den Zuschlag und zahlen den ermittelten Preis – unabhängig der Höhe ihres ursprünglichen Gebotes.[63] Nach Grimm et al. ergibt sich dieser Preis theoretisch auf „Basis der Kosten des teuersten eingesetzten Kraftwerks“.[64] Auf den Strommarkt bezogen ergibt sich eine Umkehrung der Funktionen. Dies ist dem Umstand geschuldet, dass die Anlagenbetreiber als Bieter im Gegensatz zu gängigen Auktionen einen möglichst hohen Preis mit ihrem Gebot erzielen wollen.

Bei der Einheitspreisauktion ergeben sich für die Akteure eine Reihe von Vorteilen: Die einfache Preisbildung führt sowohl für Anbieter als auch Nachfrager zu einer höheren Transparenz. Für alle Marktteilnehmer gelten entsprechend gleiche Preise für das gleiche Angebot. Im Gegensatz zur Pay-as-bid-Auktion führt dieser Auktionstyp daher zu „voller produktiver Effizienz“[65]. Ist der jeweilige Markt nur von schwachem Wettbewerbscharakter geprägt, kann das Einheitspreisauktionsprinzip hingegen zu Zurückhaltung von Kapazitäten und damit zu Nachteilen führen, da die Wettbewerber auf höhere Preise hoffen. Dieser Effekt könnte sich durch den Anstieg der Stromkosten negativ auf den Markt auswirken.[66] Das Bundeskartellamt geht davon aus, dass eine solche Kapazitätszurückhaltung für die Stromanbieter jedoch nur dann gewinnbringend ist, wenn der Kraftwerkspark über einen hohen Diversifizierungsgrad verfügt, sodass während Zurückhaltung erlittene Verluste ausgeglichen werden können.[67] Grimm et al. sprechen hier von einem Zielkonflikt zwischen der Menge und dem Preis, wodurch ein höherer

---

61 Vgl. Grimm, Ockenfels, & Zoettl, 2008, S. 148.

62 Vgl. Müsgens & Käso, 2014, S. 16 .

63 Vgl. Ockenfels, 2009, S. 106 .

64 Grimm, Ockenfels, & Zoettl, 2008, S. 150.

65 Grimm et al., 2008, S. 148.

66 Vgl. Grimm, Ockenfels, & Zoettl, 2008, S. 149.

67 Vgl. Bundeskartellamt, 2011, S. 21.

Preis durch eine geringere Menge aufgefangen werden könnte. Der Anreiz zur Zurückhaltung von Kapazitäten hängt hier, ähnlich wie nach Ansicht des Bundeskartellamtes, nach Grimm et al. wesentlich von der Größe des Kraftwerksparks ab. Kleine Stromanbieter mit wenigen oder nur einem einzigen Kraftwerk und so auch Bürgerenergiegesellschaften neigen demnach aufgrund fehlender Anreize weniger dazu, ihre Kapazitäten bewusst zurückzuhalten.[68]

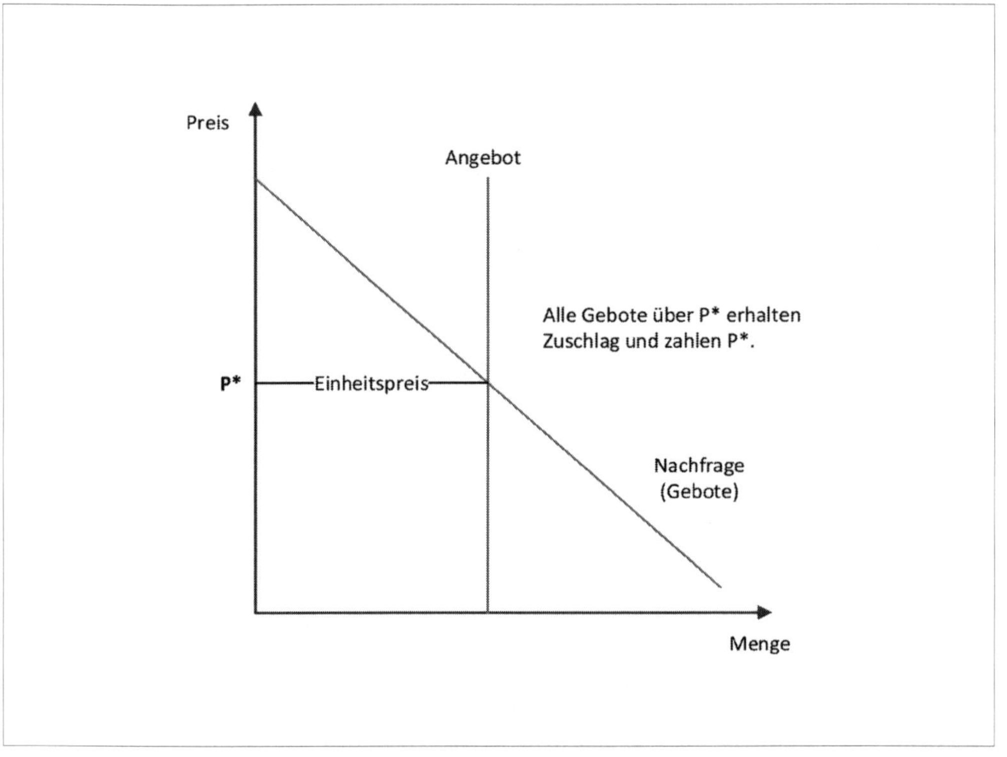

Abbildung 3: Einheitspreisauktion[69]

68 Vgl. Grimm, Ockenfels, & Zoettl, 2008, S. 149.

69 Nach Ockenfels, 2009, S. 106.

II. Mögliche Auswirkungen des EEG 2017

1. Erfahrungen aus Photovoltaik

Das EEG 2017 sieht für die erneuerbaren Energien, wie bereits aufgezeigt, eine Umstellung von staatlich festgelegter Vergütung auf Ausschreibungen am Markt vor. Als Pilotprojekt hierzu wurden schon vorab im Bereich der Photovoltaik(PV)-Freiflächenanlagen Ausschreibungen durchgeführt, um die daraus gewonnenen Erfahrungen für den erfolgreichen Systemwechsel 2017 nutzen zu können[70]. Aus § 99 EEG 2014 ergibt sich für die Bundesregierung hierbei die Pflicht, über die Erfahrungen aus den entsprechenden drei ersten Ausschreibungsrunden im Jahr 2015 einen Bericht zu veröffentlichen. Das BMWi führt an, der Untersuchungszeitraum der Pilotphase reiche noch nicht für ein abschließendes Ergebnis, charakterisiert dennoch das gewählte Ausschreibungsverfahren als „für große Solaranlagen grundsätzlich gut geeignet“[71].

Gewählt wurden zwei verschiedene Preisregeln; so kam für die erste Ausschreibungsrunde das vorgestellte „Pay-as-bid“- und in den weiteren das „Uniform-Pricing“-Auktionsmodell zum Einsatz.[72] Bei letzterem ergab sich für beide Ausschreibungsrunden der Zuschlagswert jeweils aus der Höhe des letzten bezuschlagten Gebots.[73] Der Erfahrungsbericht des BMWi orientiert sich weiterhin an den Leitzielen Akteursvielfalt, Wettbewerbsintensität und allgemein der Erreichung der Ausbauziele. An den Ausschreibungsrunden 2015 waren laut BMWi Akteure verschiedenster Rechtsformen beteiligt, dazu gehörten auch Genossenschaften und natürliche Personen, konkrete Zahlen nennt der Bericht hier hingegen nicht. Bedeutendste Akteure sind laut Bericht des BMWi auch im Rahmen der Ausschreibungen sogenannte Multiprojektbieter, die als Projektentwickler über mehrere Projekte wiederholt bieten.[74] Für kleine Akteure gelten besondere Regelungen einer geringeren finanziellen Sicherheit. Das BMWi empfiehlt, diese Regelungen weiterhin beizubehalten.[75] Die Pilotausschreibungen bei PV-Freiflächenanlagen weisen weiterhin eine hohe Wettbewerbsintensität auf. So war insgesamt „die Gebotsmenge [...] deutlich überzeichnet“[76] und mit einem rundenweise sinkenden Preisniveau verbunden. Dies wertet das BMWi als Indiz einer gelungenen Effizienz des Ausschreibungsverfahren.[77]

2. Exkurs: Ausschreibungen in Südafrika

Deutschland ist nicht das erste Land, das Ausschreibungen im Bereich der erneuerbaren Energien einführt. Abbildung 4 zeigt farbig markiert die Staaten, die auf erneuerbare Energien

70 Vgl. BMWi – Ausschreibungsbericht, 2015, S. 1 und § 2 Abs. 5 S. 2 EEG 2014.

71 BMWi – Ausschreibungsbericht, 2015, S. 2.

72 Vgl. BMWi – Ausschreibungsbericht, 2015, S. 2.

73 Vgl. Bundesnetzagentur, 2016, S. 8.

74 Vgl. BMWi – Ausschreibungsbericht, 2015, S. 3.

75 Vgl. BMWi – Ausschreibungsbericht, 2015, S. 4.

76 BMWi – Ausschreibungsbericht, 2015, S. 2.

77 Vgl. BMWi – Ausschreibungsbericht, 2015, S. 2.

ausschließlich Ausschreibungen, oder die zumindest eine Kombination von festgeschriebener Einspeisevergütung und Ausschreibung anwenden (Stand 2013). Zu diesen Staaten zählt auch die Republik Südafrika.

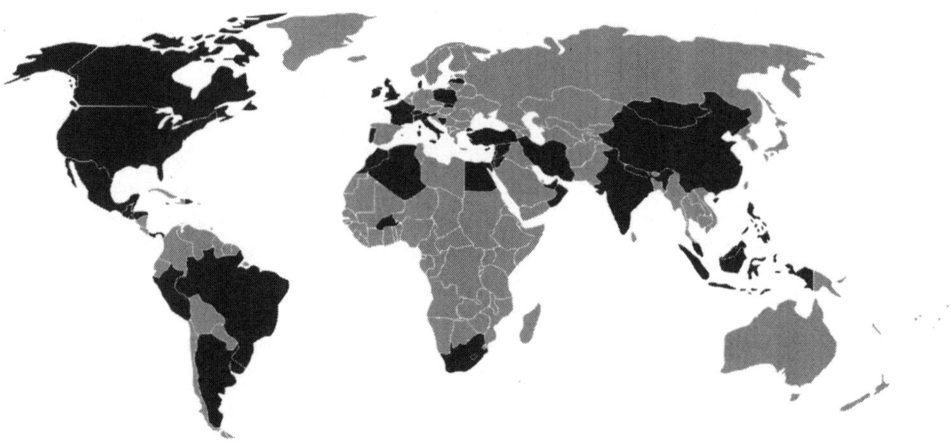

Abbildung 4: Staaten mit Ausschreibungen für EE[78]

Südafrika verfügt über eine rasant ansteigende Nachfrage nach Energie. Heute sind ca. 15 % der Haushalte in Südafrika ohne Zugang zu Elektrizität,[79] doch zeigt die Entwicklung der vergangenen Jahre, dass dieser Anteil sich weiter reduzieren wird. Schätzungen zufolge wird die Energienachfrage in Südafrika bis zum Jahr 2030 um über 20 % auf 416 TWh pro Jahr ansteigen[80]. Möglichen auftretenden Engpässen in der Energieversorgung könnte, einer Studie des BWE zufolge, durch den Einsatz erneuerbarer Energien begegnet werden.[81]

Zwar stieg in den Jahren seit 1990 der Nettostromverbrauch aus erneuerbaren Energien in Südafrika um über 30 %. Betrachtet man den Verbrauch hingegen anteilig am gesamten Stromverbrauch, erkennt man einen sinkenden Anteil der erneuerbaren Energien. Dies zeigt, dass andere Energieformen durch ein noch schnelleres Wachstum gekennzeichnet sind, als

78 Vgl. Lucas, Ferroukhi, & Hawila, 2013, S. 11.

79 DoE, 2016, S. 12.

80 Vgl. Pollet, Staffell, & Adamson, 2015, S. 16686 f.

81 Vgl. Hauser & Kochems, 2014, S. 35.

die erneuerbaren Energien.[82] Fossile Brennstoffe scheinen für Südafrika weiterhin einen hohen Stellenwert zu haben. Da diese jedoch mit einem hohen CO_2-Ausstoß verbunden sind, gehen die Bestrebungen dahin, die Abhängigkeit von Kohle als Energieträger zu reduzieren. Hierzu sieht die Regierung eine Investitionssumme von rund US$ 50 Mrd. zugunsten „sauberer Energie" vor.[83]

Trotz großen Potentials von Windenergie, insbesondere an Südwest- und Südostküste des Landes, verlief deren Kommerzialisierung aufgrund hoher Unsicherheiten zunächst zögerlich. Das Projekt *Darling Windfarm* beispielsweise, wurde durch Unterstützung der dänischen Regierung, der Development Bank of Southern Africa, des Central Energy Funds und durch den unabhängigen Stromerzeuger Darling Independent Power Producer umgesetzt. Als erstes Projekt seiner Art in Südafrika ging es 2008 mit einer Leistung von 8 MW ans Netz und verfügt über einen Stromabnahmevertrag mit der Stadt Cape Town über eine Laufzeit von 20 Jahren. Um die Unsicherheiten zu reduzieren, wurde ein Fond ins Leben gerufen, der die Stadt Cape Town bei finanziellen Ausfällen durch schlechte Windausbeute und bei etwaigen Diskrepanzen zwischen Einspeisevergütung und Zahlungen an den Eigentümer DARLIPP entlasten soll. Der Windpark gilt seit Eröffnung als Demonstrationsprojekt für Windenergie in Südafrika.[84]

Um das Potential zu nutzen, den Ausbau zu kontrollieren und bedarfsgerecht zu steuern, beschloss die Regierung im Jahre 2011 das sogenannte *Renewable Energy Independent Power Producer Procurement Programme* (REIPPPP).[85] Durch das REIPPPP erreichte Südafrika nach Angaben des Energieministeriums innerhalb weniger Jahre eine Vorreiterrolle in Bezug auf die Entwicklung und Förderung von erneuerbaren Energien.[86] Der Unternehmensberatung Ernst & Young zufolge belegt Südafrika heute, wie Tabelle 1 zeigt, im Attraktivitätsranking der erneuerbaren Energien (RECAI) weltweit den neunten Platz.[87] Eine Besonderheit der Bürgerbeteiligung stellt die festgeschriebene Forderung nach „local content" im Rahmen des REIPPPP dar. Diese sieht etwa vor, dass sich mindestens 2,5 % der Anteile eines Windenergieprojektes im Besitz der lokalen Gemeinden befinden müssen. Bei ausnahmslos allen bisherigen Projekten wurden zur Finanzierung Gemeinschaftsfonds ins Leben gerufen.[88]

---

82 Vgl. Nakumuryango & Inglesi-Lotz, 2016, S. 1005 f.

83 Pollet, Staffell & Adamson, 2015, S. 16686.

84 Vgl. Department of Energy, 2015, S. 63 f.

85 Vgl. Hauser, et al., 2015, S. 36.

86 Vgl. Department of Energy, 2015, S. 66.

87 Vgl. Ernst & Young, 2016, S. 10 f.

88 DoE, 2016b, S. 75.

Platz	Land
1	United States
2	China
3	Indien
4	Chile
5	**Deutschland**
6	Mexiko
7	Frankreich
8	Brasilien
9	**Südafrika**
10	Kanada

Tabelle 1: RECAI – Top 10[89]

Im Rahmen des REIPPPP wurden für alle erneuerbaren Energien zur Ermittlung der Finanzierungsbeiträge Auktionen eingeführt. Wie für Deutschland vorgesehen, folgt auch in Südafrika die Ausschreibung dem pay-as-bid-Prinzip bei verdeckter Gebotsabgabe. Die Ausschreibungen erfolgen dabei technologiespezifisch. Langfristiges energiepolitisches Ziel des Programmes ist der Ausbau der erneuerbaren Energien auf 17,8 GW Kapazität bis 2030. Bis Ende 2016 sollten insgesamt fünf Ausschreibungsrunden durchgeführt werden.[90] Ausschreibungen im Rahmen des REIPPPP erfolgen dabei für Windparks mit einer Gesamtleistung über 5 MW. Kleinere Projekte werden durch das „Small Projects IPP Procurement Program" abgedeckt. Hierrüber werden 100 MW der Gesamtausschreibungsmenge technologieübergreifend für Projekte unter 5 MW reserviert.[91]

In den ersten drei Ausschreibungsrunden erhielten im Bereich der Windenergie insgesamt 22 Projekte einen Zuschlag (2011: 8; 2012: 7; 2013: 7). Die installierte Leistung der bezuschlagten Windparks lag durchschnittlich bei etwa 91,1 MW. Dabei entfallen allein auf die fünf größten Projekte über 34 % der Kapazität. Noch im Jahr 2012 lag die durchschnittliche Kapazität eines Windparks in Südafrika bei etwa 68,1 MW.[92]

Schon über die ersten drei Bietfenster konnte der gewünschte Effekt der Effizienzsteigerung durch Ausschreibungen beobachtet werden: Von der ersten bis zur dritten Ausschreibungsrunde sank der Preis für den aus Windenergie erzeugten Strom um rund 43 %. Gleichzei-

89 Nach Ernst & Young, 2016, S. 10 f.

90 Vgl. Hauser & Kochems, 2014, S. 36.

91 Vgl. Hauser & Kochems, 2014, S. 38.

92 Vgl. Pollet, Staffell & Adamson, 2015, S. 16698 f.

tig wurden in Südafrika jedoch auch deutlich negative Auswirkungen auf die Akteursvielfalt sichtbar: Handelte es sich in der ersten Ausschreibungsrunde noch um acht unterschiedliche Projektierer bei acht bezuschlagten Projekten, stellte sich im Verlauf der folgenden Runden eine deutliche Marktverengung zulasten kleiner Akteure. Im dritten Bietfenster erhielten nur noch vier verschiedene Projektierer einen Zuschlag. Dabei handelte es sich ausschließlich um große, international agierende Akteure, lediglich einer davon mit Hauptsitz in Südafrika. In der ersten Runde lag die durchschnittlich bezuschlagte Kapazität noch bei etwa 80 MW, im dritten Bietfenster hingegen bei über 112 MW pro Projekt.[93] In Gebotsrunde vier betrug die durchschnittliche Projektleistung sogar schon über 135 MW.[94] Abbildung 5 fasst die durchschnittliche Projektkapazität der vier genannten Gebotsrunden noch einmal zusammen. Insbesondere die Größe der Windenergieprojekte und die zu hinterlegenden finanziellen Sicherheiten vergrößern Hemmnisse für kleine und weniger finanzstarke Akteure. Zur Teilnahme an der Gebotsrunde ist im Rahmen der Qualifikationsphase eine Sicherheit von etwa 6,85 €/kW notwendig. Bei Bezuschlagung ist eine Aufstockung um den gleichen Betrag erforderlich. Der BWE sieht in der Höhe dieser notwendigen finanziellen Sicherheit ein Risiko und damit Hemmnis für den Markteintritt kleiner Akteuren mit geringer Finanzkraft. Diese Barrieren werden verstärkt durch sehr kurze Fristen zur Gebotsabgabe, die bei komplexen Verwaltungsprozessen kleine und lokale Projektierer ungleich schwerer treffen.[95]

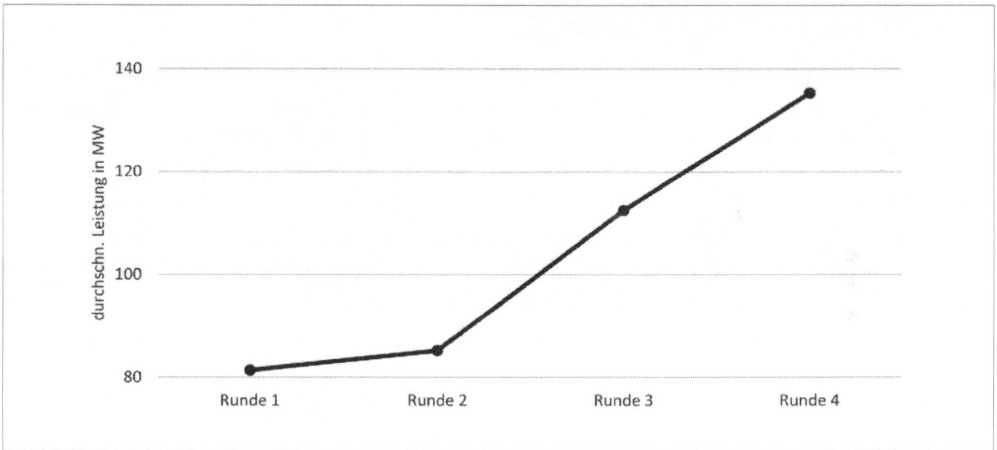

Abbildung 5: Durchschnittliche Leistung pro bezuschlagtem Projekt[96]

93 Vgl. Hauser & Kochems, 2014, S. 41 ff.

94 Vgl. Eskom, 2016

95 Vgl. Hauser & Kochems, 2014, S. 41 ff.

96 Eigene Darstellung nach Eskom, 2016

3. Motivation und Chancen für den EE-Ausbau

Das EEG 2017 orientiert sich grundlegend am gleichen Ziel, wie schon das EEG 2014: Erhöhung des Anteils der erneuerbaren Energien am gesamten Bruttostromverbrauch auf mindestens 80 % im Jahre 2050. Nach dem BMWi heißt dies konkreter eine Begrenzung der Kosten, gezielte Steuerung des Ausbaus der erneuerbaren Energien und Heranführung der erneuerbaren Energien an den Markt.[97] Gezielte Steuerung bedeutet demnach die Kontrolle der Menge und die Konzentration des Zubaus. Durch die hierdurch sinkenden Kosten für die Akteure soll gleichzeitig eine höhere Planbarkeit gewährleistet werden.[98] Nach Mohr soll diese Planbarkeit insbesondere durch das Einhalten der Ausbaukorridore nach § 4 EEG 2017 noch erhöht werden.[99] Zwar steuern solche Ausbaukorridore in Verbindung mit Ausschreibungen gezielt den Ausbau über die Festlegung einer Obergrenze. Doch gleichzeitig muss sichergestellt werden, dass der Ausbaukorridor auch nicht unterschritten wird. Um hier den Erfolg der Umstellung auf ein Ausschreibungsmodell zu gewährleisten, ist es nach Meinung des BMWi daher ein notwendiges Ziel, einen möglichst großen Anteil tatsächlich realisierter Projekte zu erreichen.[100] Durch die Umstellung auf Ausschreibungen sollen die erneuerbaren Energien so langfristig eine noch zentralere Rolle bei der Stromerzeugung spielen, um die Ziele aus § 1 Abs. 2017 noch effektiver zu verfolgen.[101]

4. Risiken für Bürgerwindparks

Der hier diskutierte und weitreichende Instrumentenwechsel von einer festgelegten Vergütungshöhe zum Ausschreibungsmodell soll in erster Linie den Ausbau der erneuerbaren Energien unterstützen, indem Betreiber sich verstärkt auf den wirtschaftlichen Betrieb ihrer Anlagen konzentrieren.[102] Eine wichtige Prämisse stellt hier der Erhalt der oft genannten Akteursvielfalt dar.[103] Bei diesem Begriff, der auch in § 2 Abs. 3 S. 2 EEG 2017 in Verbindungen mit der Stromerzeugung aus erneuerbaren Energien genannt wird, handelt es sich nach Kahl et al. um einen „unbestimmten Rechtsbegriff"[104]. Während der Referentenentwurf zum EEG 2014 hier noch den Erhalt *hoher Bürgerbeteiligung* nennt, wurde diese Formulierung im verabschiedeten EEG 2014 schließlich durch die *Akteursvielfalt* ersetzt. Auch im EEG 2017 hält sich

97 Vgl. BMWi, 2015, S. 1.

98 Vgl. BMWi, 2015, S. 1.

99 Vgl. Mohr, 2015, S. 99.

100 Vgl. BMWi, 2015, S. 1.

101 Vgl. Vorwort zum Referentenentwurf – Entwurf eines Gesetzes zur Einführung von Ausschreibungen für Strom aus erneuerbaren Energien und zu weiteren Änderungen des Rechts der erneuerbaren Energien, 2016, S. 1 ff.

102 Vgl. Kreuter-Kirchhof, 2015, S. 1482.

103 Vgl. BMWi 2, Eckpunktepapier zur EEG-Novelle 2016 vom 8. Dezember 2015, 2015, S. 1.

104 Kahl, Kahles, & Müller, 2014, S. 2.

dieser Begriff.[105] Nach Kahl et al. könne man hier daher von einem direkten Zusammenhang zwischen dem Begriff *Akteursvielfalt* und Bürgerbeteiligung an Windenergieprojekten ausgehen. Dies unterstützt zudem der mehrfache explizite Bezug zu Bürgerenergieprojekten in der Gesetzesbegründung des EEG 2014.[106] Insbesondere durch die Bagatellgrenze von 750 kW, durch ein „einfaches und transparentes Ausschreibungsdesign"[107] und gezielte Erleichterungen für Bürgerenergiegesellschaften soll dem Erhalt der Akteursvielfalt nachgekommen werden.

Eine große Gefahr der Bürgerenergieprojekte ist nach BMWi das Risiko, Kosten für die Vorentwicklung des Projekts zu tragen, anschließend jedoch keinen Zuschlag zu erhalten.[108] Zwar ermöglicht das EEG 2017 diesen Akteuren eine Teilnahme an Ausschreibungen „zu einem früheren Zeitpunkt und [...] einer [...] geringeren [...] finanziellen Sicherheit"[109], doch bleiben die Kosten der Projektvorentwicklung erhalten. Es ist davon auszugehen, dass diese Kosten durch das gewählte Ausschreibungsmodell steigen. Die Denker & Wulf AG hält in einer Stellungnahme zum Eckpunktepapier vom 31. Juli 2015 allgemein das Instrument der Ausschreibung im Bereich der Windenergie für eine Gefährdung für Bürgerengagement.[110] Der Deutscher Genossenschafts- und Raiffeisenverband (DGRV) konkretisiert hier die strukturellen Nachteile von Bürgerwindparks bei der Teilnahme an Ausschreibungsverfahren weiter. Ein wesentlicher dieser Nachteile ist demnach die größere Sensibilität gegenüber verlorenen Kosten aufgrund eines Ein-Projekt-Engagements. Die Präqualifikationsanforderung der rechtskräftigen BImSchG-Genehmigung würde die Bürgerenergiegesellschaft mit mittleren Kosten von bis zu 115 €/kW geplanter Leistung belasten. Diese müsste sie vorfinanzieren, um überhaupt an der Ausschreibungsrunde teilnehmen zu können.[111] Kapital eingeworben werden kann allerdings meist erst nach Erhalt der BImSchG-Genehmigung.[112] Diesem während der Anhörungsrunden oft kritisierten Missstand begegnet das EEG 2017 nun mit der Möglichkeit nach § 36g Abs. 1 EEG 2017, auch ohne rechtskräftige BImSchG-Genehmigung an Ausschreibungen teilzunehmen. Doch auch das geforderte Gutachten zum erwarteten Stromertrag erfordert kostenintensive, weitgreifende Vorausplanung. Ferner können Bürgerenergiegesellschaften nach wie vor das Risiko des Scheiterns ihres Projekts in der Ausschreibung nicht streuen, wie es beispielsweise bei Multiprojektinvestoren möglich ist. Dies gilt sowohl für eine Streuung über mehrere Projekte als auch mehrere Regionen. Weiterhin fehlt es den Bürgerenergiegesellschaften oft an Erfahrung und Wissen, insbesondere bei langfristigen, preisfestsetzenden Ausschreibungen die richtigen Abschätzungen vorzunehmen. Die Folge ist eine höhere Zurückhaltung kleiner Unternehmen und Bürgerenergiegesellschaften aufgrund der genann-

105 Vgl. BMWi 2, 2016, S. 3.

106 Vgl. Kahl, Kahles, & Müller, 2014, S. 3.

107 BMWi 2, 2016, S. 3.

108 Vgl. BMWi 2, 2016, S. 3.

109 BMWi 2, 2016, S. 3.

110 Vgl. Denker & Wulf AG, 2015, S. 3 ff.

111 Vgl. DGRV, 2015, S. 3.

112 Vgl. Kahla & Oelerich, 2015, S. 2.

ten Risiken. Insbesondere im Bereich der Bürgerwindparks blieben so eine Vielzahl der Ausschreibungsteilnahmen aus.[113] Der Bundesverband WindEnergie (BWE) spricht in einer Stellungnahme zum Referentenentwurf der EEG Novelle von einer zu geringen Unterstützung für Bürgerenergiegesellschaften. Mit dem vorgelegten Entwurf werde die Akteursvielfalt eingeschränkt, Kostentransparenz vernachlässigt und insgesamt das Ausbauziel für erneuerbare Energien gefährdet. Bei den insbesondere in § 36g EEG 2017 festgelegten Sonderregelungen für die Teilnahme von Bürgerenergiegesellschaften handelt es sich nach dem BWE um „scheinbare Zugeständnisse“[114], die in ihrer Form zu restriktiv gestaltet sind und in der Folge Akteure vom Markt ausschließen könnten.[115]

Auch die Bundesländer sahen im Referentenentwurf eine Diskriminierungsgefahr für Bürgerenergieprojekte. Minister der Bundesländer Niedersachsen, Schleswig-Holstein, Rheinland-Pfalz, Hessen, Nordrhein-Westfalen, Baden-Württemberg, Hamburg, Bremen und Thüringen mahnten bereits als Reaktion auf das Eckpunktepapier von 2015 in einer Stellungnahme unzureichende Regelungen zugunsten von Bürgerwindparks an.[116] In einer Entschließung des Bundesrates auf Antrag der Länder Bayern, Nordrhein-Westfalen, Sachsen-Anhalt und Schleswig-Holstein zur „Unterstützung von [...] Bürgerenergieprojekten bei Ausschreibungen hinsichtlich der Förderung von erneuerbaren Energien“[117], bezeichnete auch der Bundesrat die vom BMWi festgelegten Sonderregelungen für Bürgerenergieprojekte als inakzeptabel und nicht zielführend für den Erhalt der Akteursvielfalt. Vielmehr schlug der Bundesrat in Bezug auf den Referentenentwurf vor, Bürgerenergiegesellschaften die Teilnahme an Ausschreibungsrunden ohne Abgabe eines Gebotspreises zu ermöglichen. Die Förderhöhe ergibt sich nach Vorschlag des Bundesrats dann aus dem höchsten bezuschlagten Gebot.[118] Einen ähnlichen Vorschlag machte der Bundesverband Erneuerbare Energie e.V. (BEE). Er empfahl die Kombination der De-minimis-Regelung mit einer Grenze von 6 MW installierter Leistung mit einem non-competitive-bidding-Ansatz, bei dem kleine Akteure und Bürgerenergiegesellschaften auf die Menge statt auf den Preis bieten. Der Zuschlagspreis orientiert sich auch hier an den regulär bezuschlagten Geboten.[119] Die Sonderregelung für Bürgerenergiegesellschaften, als Zuschlagswert die Höhe des höchsten noch bezuschlagten Gebotes der gleichen Ausschreibungsrunde anzusetzen, stellt hier gewissermaßen ein deutliches Zugeständnis des Gesetzgebers zugunsten von Bürgerenergie dar.

---

113 Vgl. DGRV, 2015, S. 3.

114 BWE, 2016 .

115 Vgl. BWE, 2016 .

116 Vgl. Wenzel, et al., 2015 .

117 BR-Drs. 183/16, 2016 .

118 Vgl. BR-Drs. 183/16, 2016 .

119 Vgl. BEE, 2015, S. 5.

III. Fazit

Während überwiegend Einigkeit über die These besteht, die Einführung von Ausschreibungen führe langfristig zu einer effizienteren Planung und Ausgestaltung von Windparks, wird gerade der Aspekt der Wartung von verschiedenen Seiten kritisch betrachtet. Sinkende Erlöse für eingespeisten Strom aus Windenergieanlagen machen eine Reduzierung der Wartungskosten für die Turbinen notwendig, so schreibt etwa die „neue Energie". Dazu müssten die Servicebetriebe ihre Preise deutlich senken, was aufgrund fehlenden Spielraums aber kaum möglich scheint.[120] Dass ein Preisabfall für den eingespeisten Strom durch stärkeren Wettbewerb hervorgerufen wird, scheint offensichtlich. Wie dieser Effekt aber alle Erwartungen übertreffen kann zeigt das Beispiel Südafrikas. Hier fiel der Preis für Strom aus Windenergie von etwa 9,9 Cent pro kWh in der ersten Runde auf 4,5 Cent pro kWh in der dritten Ausschreibungsrunde.[121] Nach Angaben des DoE sank der durchschnittlich im Rahmen der Ausschreibungen für Strom aus allen erneuerbaren Energien gebotene Preis bis zum Jahr 2016 um mehr als 67 %.[122] Es wird also deutlich, dass ein Thema wie die Ausschreibungen bei Windenergieanlagen ein weit komplexeres Feld darstellt, als der hier untersuchte Ausschnitt. So wirkt sich die EEG-Novellierung eben auch auf die nachgelagerte Dienstleistungssparte aus, die einerseits selbst unter Druck geraten könnte, andererseits aber auch die Betreiber von Windenergieanlagen unter Druck setzt. Eine engere Zusammenarbeit zwischen Betreibern und Instandhaltungsbetrieben wird zukünftig noch wichtiger, um individuelle Servicestrategien zu erarbeiten. Einsparpotential liegt hier aber auch in den Anfahrtskosten, die einen wesentlichen Teil der Servicekosten darstellen. Große Windparks und Betreiber, die leichter eine Zusammenlegung von Betriebsführung und Wartung realisieren können, sind hier deutlich bevorteilt. In beiden Möglichkeiten sind vor allem kleine Akteure und eben auch Bürgerenergiegesellschaften vergleichsweise weniger gut aufgestellt. Hierbei handelt es sich weitestgehend um Nachteile für Bürgerenergieprojekte, die per se auch ohne eine Umstellung auf Ausschreibungen im Bereich der Windenergie gegeben wären. Doch werden diese Nachteile durch stärkeren Preiswettbewerb zu echten Risiken.

Vergleicht man die Urfassung des EEG 2017 mit verschiedenen Vorstufen, wie etwa ersten Eckpunktepapieren, wird eine deutliche Risikoreduzierung für kleine Akteuren sichtbar. Eine Aufteilung der zu hinterlegenden finanziellen Sicherheit beispielweise, ermöglicht Bürgerenergieprojekten eine einfachere Teilnahme an Ausschreibungsrunden, auch ohne die Finanzkraft der großen Akteure. Müsste der zweite Teil der Sicherheit erst bei einem Zuschlag für das Projekt bezahlt werden, reduzierte sich die Hürde für kleine Akteure merklich. Eine Planungssicherheit für Bürgerprojekte ergibt sich daraus natürlich nicht. Eine weitere Wendung stellt der Wegfall der Präqualifikationsanforderung einer vorhandenen BImSchG-Genehmigung dar. Dadurch wird für Bürgerenergieprojekte die Teilnahme an Ausschreibungsrunden schon frühzeitiger möglich. Die BImSchG-Genehmigung fällt jedoch nicht vollständig weg.

120 Rentzing, 2016, S. 62.

121 Hauser & Kochems, 2014, S. 48.

122 DoE, 2016, S. 7.

Dies bedeutet eine Verschiebung von Kosten und Planungsaufwand auf eine spätere Phase des Projektes. Dadurch verringert sich das Verlustrisiko für das Bürgerwindprojekt im Falle einer Nichtbezuschlagung. Dieses Zugeständnis an Bürgerprojekte wird gleichzeitig mit einer potentiellen Reduzierung der Realisierungsquote erkauft, da zum Zeitpunkt der Ausschreibung lediglich ein Gutachten zu möglichem Stromertrag, nicht aber eine tatsächliche Genehmigung des Windenergieprojektes vorliegen muss. Für das betreffende Projekt selbst bedeutet das, dass bei einem Zuschlag im Rahmen der Ausschreibung, aber in der Folge einer scheiternden BImSchG-Genehmigung neben den bereits getätigten Investitionen weiterhin Strafzahlungen für Nichtumsetzung anfallen dürften. Hier ergibt sich ein neues, nur schwer und durch kostenintensivere Vorausplanung kontrollierbares Risiko.

Die Novellierung des EEG ist ein stark diskutiertes Thema mit teils äußerst konträren Standpunkten. In mehreren Runden hat das BMWi die Stellungnahmen von Verbänden, Unternehmen und anderen Akteuren mit in die Entwicklung des Referentenentwurfs und schließlich das novellierte EEG fließen lassen. Das hat zur Folge, dass der größte Teil des EEG 2017 im Einklang mit den Positionen der verschiedenen stellungbeziehenden Parteien steht. Viele anfangs bestehenden Kritikpunkte konnten durch verschiedene Anhörungsrunden ausgeräumt werden. Auch der Befürchtung, die Einführung von Ausschreibungen im Bereich der Windenergie und der erneuerbaren Energien im Allgemeinen reduziere die Realisierungsquote von Energieprojekten, konnte durch das Prinzip der späten Ausschreibung begegnet werden. In Verbindung mit zu hinterlegenden Sicherheiten stellt dies ein wirksames Instrument dar, um den Anteil der tatsächlich umgesetzten Projekte zu maximieren. Doch einer der größten Kritikpunkte bleibt auch nach Ausfertigung des EEG 2017 die mangelnde Berücksichtigung von kleinen Akteuren und Bürgerenergiegesellschaften bei der Umstellung auf Ausschreibungen im Bereiche der Windenergie an Land. Zwar ist das Risikopotential für Bürgerenergieprojekte im Verlauf der Anhörungsrunden auch durch Einfluss von Verbänden und Industrie deutlich reduziert worden, doch fordern Bundesländer und Verbände weitere Änderungen zum Schutz dieser Akteure. Die größte Gefährdung stellt das Risiko dar, trotz kostenintensiver Vorplanungsphase in der Gebotsrunde keinen Zuschlag zu erhalten. Diese Folgen daraus träfen kleine Windparkbetreiber und Bürgerenergiegesellschaften erheblich stärker als Großprojektierer und -Investoren. Durch Diskriminierung dieser kleinen Akteure entsteht folglich eine Gefährdung der Akteursvielfalt, deren Schutz als eines der Leitziele einer erfolgreichen Energiewende im EEG festgeschrieben ist. Dieses Risiko wird zwar durch neue Zugeständnisse an Bürgerenergieprojekten reduziert, ruft aber, wie oben beschrieben, gleichzeitig weitere Risiken auf den Plan.

Das größte Risiko für Bürgerwindprojekte wird sich zukünftig weniger aus möglichen Benachteiligungen durch das Modell der Ausschreibung ergeben, als vielmehr aus der Zurückhaltung vieler potentieller Akteure in diesem Bereich. Gut aufgestellte Projekte werden auch zukünftig eine Chance zur erfolgreichen Umsetzung haben. Doch geht hiermit ein höheres Risiko einher, als bisher. Dadurch werden möglicherweise einige Akteure vor weiterem Engagement zurückschrecken. Käme es zu sinkende Zahlen bei umgesetzten Bürgerenergieprojekten, wäre dies am ehesten darauf zurück zu führen, dass Bürger schon vor der Planungsphase von möglichem Engagement absehen. Die geringen Freigrenzen könnten weiterhin dazu führen, dass die für die Energiewende wichtigen Bürgerwindprojekte sehr klein dimensioniert werden, um einerseits ein Konkurrieren mit den großen und internationalen Akteuren zu vermeiden und andererseits weiterhin mit einer Festvergütung und damit höheren Umsetzungs- und Ertragssicherheit rechnen zu können. Dies würde unweigerlich zu einer weniger effizienten Ausnutzung der Windenergie am Standort Deutschland führen. Die Bürgerenergie würde sich dadurch in einen unbeachteten Nebenschauplatz verwandeln, der Wettbewerb um Zuschläge im Rahmen der Ausschreibungen würde den großen Akteuren überlassen.

Das EEG 2017 ist durchaus geeignet, die Energiewende entsprechend der Vorgaben und Ziele weiter voranzutreiben. Ob die Umstellung auf Ausschreibungen dabei hemmend oder fördernd ist, bleibt umstritten und ist zum jetzigen Zeitpunkt nicht abzusehen. Unter Berücksichtigung der Empfehlungen der EU, einer zukünftigen Öffnung des Marktes für ausländische Akteure und in Anbetracht der gewählten Regulierungen aus Sicherheiten und Pönalen, ist die Umstellung als positiver Schritt zu werten. Dennoch sind für eine erfolgreiche Energiewende im Sinne der Ziele aus § 1 Abs. 2 EEG 2017 i.V.m. § 4 EEG 2017 weitere Nachbesserungen zugunsten von Bürgerenergieprojekten notwendig. Diese müssen dabei zielführender, konkreter und praxisorientierter gestaltet werden, um den Gegebenheiten des Marktes vollends gerecht zu werden und im Ergebnis einen vollen Schutz der Akteursvielfalt zu gewährleisten. Das Beispiel Südafrikas kann aufgrund unterschiedlicher Gegebenheiten und Strukturen nicht auf die deutsche Windenergielandschaft übertragen werden; doch hat es deutlich gezeigt, dass trotz vereinfachter Teilnahmebedingungen für kleine und weniger finanzstarke Projekte der Anteil der großen und international agierenden Akteure unweigerlich zunimmt. Abschließend führt dies zwangsläufig zu der naheliegenden aber doch elementarsten Bedingung an das neue Ausschreibungsmodell: Eine kontinuierliche Analyse und Überprüfung der Wirksamkeit der gewählten Instrumente ist unerlässlich. Nur regelmäßige Justierung des Modells und Anpassungen einzelner Kriterien können fehlende Kenntnisse über tatsächliche Auswirkungen der im Rahmen der Einführung von Ausschreibungen festgelegten Instrumente ausgleichen. Abweichungen vom Zielkorridor müssen frühzeitig erkannt und insbesondere in Bezug auf die unverzichtbare Akteursvielfalt unmittelbar korrigiert werden. Nur so kann auch nach Umstellung auf das EEG 2017 eine erfolgreiche Energiewende sichergestellt werden.

Literaturverzeichnis

AGEE-Stat. (2015). Arbeitsgruppe Erneuerbare Energien-Statistik: Zeitreihen zur Entwicklung der erneuerbaren Energien in Deutschland.

Bade, A., Käso, M., Lienert, M., Müsgens, F., Schmitz, C., & Wissen, R. (2015). *Ausgestaltung eines Auktionsmodells für EE-Anlagen in Deutschland - Gutachten im Auftrag des BDEW.* Köln, Cottbus.

BBE. (2015). *Bundesverband Windenergie - Installierte Windenergieleistung 2015.* Von https://www.wind-energie.de/infocenter/statistiken/deutschland/installierte-windenergieleistung-deutschland & https://www.wind-energie.de/infocenter/statistiken/bundeslaender/wind energie-schleswig-holstein am 1. Februar 2016 abgerufen.

BEE. (2015). *BEE-Stellungnahme zum BMWi-Eckpunktepapier für Ausschreibungen für die Förderung von Erneuerbare-Energie-Anlagen vom 31.07.2015.* Berlin: Bundesverband Erneuerbare Energie e.V.

BMWi – Ausschreibungsbericht. (2015). *Ausschreibungsbericht nach § 99 Erneuerbare-Energien-Gesetz (EEG 2014).*

BMWi 2. (2015). Eckpunktepapier zur EEG-Novelle 2016 vom 8. Dezember 2015. Berlin: Bundesministerium für Wirtschaft und Energie.

BMWi 2. (2016). Referentenentwurf – Entwurf eines Gesetzes zur Einführung von Ausschreibungen für Strom aus erneuerbaren Energien und zu weiteren Änderungen des Rechts der erneuerbaren Energien.

BMWi. (2015). *Ausschreibungen für die Förderung von Erneuerbare-Energie-Anlagen. Eckpunktepapier vom 31. Juli 2015.* Berlin: Bundesministerium für Wirtschaft und Energie.

BMWi. (2016). *EEG 2016: Wettbewerbliche Förderung von Erneuerbaren Energien.* Von http://www.bmwi.de/DE/Themen/Energie/Erneuerbare-Energien/eeg-2016-wettbewerb liche-foerderung,did=687588.html am 02. Februar 2016 abgerufen.

BMWi 3. (2015). *Marktanalyse Windenergie an Land.* Berlin: Bundesministerium für Wirtschaft und Energie.

BMWi 4. (2015). *Bundesministerium für Wirtschaft und Energie: Erneuerbare Energien in Zahlen – Nationale und internationale Entwicklung im Jahr 2014.* Berlin.

BR-Drs. 183/16. (2016). Entschließung des Bundesrates zur Unterstützung von kleinen Akteuren und Bürgerenergieprojekten bei Ausschreibungen hinsichtlich der Förderung von erneuerbaren Energien.

Bundeskartellamt. (2011). Abschlussbericht des Bundeskartellamtes zur Sektoruntersuchung Stromerzeugung/Stromgroßhandel, B10-9/09 von Januar 2011.

Bundesnetzagentur. (2016). *Bericht über die Pilotausschreibungen zur Ermittlung der Förderhöhe für Photovoltaik-Freiflächenanlagen vom 13.01.2016.* Bonn: Bundesnetzagentur für Elektrizität, Gas, Telekommunikation, Post und Eisenbahnen.

Bündnis 90/Die Grünen Bundestagsfraktion. (2016). *Hintergrundvom 8. Juli 2016 – Grüne Bewertung der EEG-Novelle.* Berlin.

BWE. (2015). *Akteursstrukturen von Windenergieprojekten in Deutschland.* Berlin: Bundesverband WindEnergie e.V.

BWE. (2016). *Bundesverband WindEnergie - Referentenentwurf für EEG Novelle gefährdet Mittelstand, untergräbt Akzeptanz und stellt Exportstärke infrage.* Von https://www.wind-energie.de/presse/pressemitteilungen/2016/referentenentwurf-fuer-eeg-novelle-gefaehrdet-mittelstand-untergraebt am 28. April 2016 abgerufen.

Denker & Wulf AG. (2015). Konsultation Eckpunktepapier vom 31.07.2015: Ausschreibungen für die Förderung von erneuerbaren Energien.

Department of Energy. (2015). *State of Renewable Energy in South Africa.* Department of Energy – Republic of South Africa, Pretoria, South Africa. Von http://www.gov.za/sites/www.gov.za/files/State of Renewable Energy in South Africa_s.pdf am 10. Februar 2017 abgerufen.

Deutsche WindGuard. (2016). *Status des Windenergieausbaus an Land in Deutschland, im Auftrag des Bundesverbandes Windenergie e.V.*

DGRV. (2015). *Stellungnahme der Bundesgeschäftsstelle Energiegenossenschaften beim DGRV zum Eckpunktepapier „Ausschreibungen für die Förderung von Erneuerbaren-Energien-Anlagen" des Bundesministeriums für Wirtschaft und Energie.* Berlin.

Ernst & Young. (2016). *Renewable Energy Country Attractiveness Index Nr. 46 von Oktober 2016.* Von http://www.ey.com/Publication/vwLUAssets/EY-RECAI-48-October-2016/$FILE/EY-RECAI-48-October-2016.pdf am 10. Februar 2017 abgerufen.

Girmscheid, G. (2015). *Angebots- und Ausführungsmanagement – prozessorientiert.* Berlin, Heidelberg.

Grimm, V., Ockenfels, A., & Zoettl, G. (2008). Strommarktdesign: Zur Ausgestaltung der Auktionsregeln an der EEX. *Zeitschrift für Energiewirtschaft* (Vol. 32, Iss. 3), S. 147–161.

Hauser, E., & Kochems, J. (2014). *Ausschreibungsmodelle für Wind Onshore: Erfahrungen im Ausland.* Berlin: Bundesverband WindEnergie e.V. Von https://www.wind-energie.de/sites/default/files/download/publication/ausschreibungsmodelle-fuer-wind-onshore-erfahrungen-im-ausland/bwe_ausschreibungen_wind_onshore_endbericht_09-2014_final.pdf am 10. Februar 2017 abgerufen.

Hauser, E., Hildebrand, J., Dröschel, B., Klann, U., Heib, S., & Grashof, K. (2015). *Nutzeneffekte von Bürgerenergie – eine wissenschaftliche Qualifizierung und Quantifizierung der Nutzeneffekte der Bürgerenergie und ihrer möglichen Bedeutung für die Energiewende.* Saarbrücken.

Holstenkamp, L., & Degenhart, H. (2013). *Bürgerbeteiligungsmodelle für erneuerbare Energien – Eine Begriffsbestimmung aus finanzwirtschaftlicher Perspektive.* Lüneburg.

Kahl, H., Kahles, M., & Müller, T. (2014). *Anforderungen an den Erhalt der Akteursvielfalt im EEG bei der Umstellung auf Ausschreibungen, Würzburger Berichte zum Umweltenergierecht Nr. 9 vom 18. August 2014.*

Kahla, F. & Oelerich, W. (2015). *Problematik der Vorfinanzierung von Bürgerwindparks und Lösungsansätze.* Lüneburg.

Klessmann, C., Wigand, F., Tiedemann, S. & Gephart, M. (2015). *Ausschreibungen für Erneuerbare Energien – Wissenschaftliche Empfehlungen.* Berlin.

Kreuter-Kirchhof, C. (2015). Die Rechtsmaßstäbe des EEG 2014 im Dienst von Klimaschutz, Kostenersparnis und Versorgungssicherheit. *Neue Zeitschrift für Verwaltungsrecht*, S. 1480–1485.

LLUR. (2016). Landesamt für Landwirtschaft, Umwelt und ländliche Räume Schleswig-Holstein – Genehmigung von Windkraftanlagen an Land 2013–2015 (Datenbank). Flintbek.

Lucas, H., Ferroukhi, R., & Hawila, D. (2013). *Renewable Energy Auctions in Developing Countries.* Von http://www.irena.org/DocumentDownloads/Publications/IRENA_Renewable_energy_auctions_in_developing_countries.pdf am 10. Februar 2017 abgerufen.

Mohr, J. (2015). Ausschreibung der finanziellen Förderung von Strom aus erneuerbaren Energien. *EnWZ 3/2015*, S. 99–105.

Müller-Graff, P.-C. (2012). Das „Soft Law" der europäischen Organisationen. *EuR 2012, 18,* S. 18–34.

Müsgens, F. & Käso, M. (9. September 2014). Auktionsdesign für Photovoltaikanlagen auf Freiflächen – Gutachten im Auftrag des BDEW. Köln und Cottbus.

Nakumuryango, A. & Inglesi-Lotz, R. (2016). South Africa's performance on renewable energy and its relative position against the OECD countries and the rest of Africa. *Renewable and Sustainable Energy Reviews*(56). doi:https://doi.org/10.1016/j.rser.2015.12.013

Ockenfels, A. (02 2009). Empfehlungen für das Auktionsdesign für Emissionsberechtigungen. (Vieweg Verlag, Hrsg.) *Zeitschrift für Energiewirtschaft* (Volume 32, Issue 3), S. 105–114.

Paus, J., Pohlmann, W., Wenking, R., Roos, W., Rauen, E., Janning, H., . . . Ahlke, U. (2014). Bürgerwindpark – Leitlinien. Steinfurt: Amt für Klimaschutz und Nachhaltigkeit im Kreis Steinfurt.

Pollet, B. G., Staffell, I. & Adamson, K.-A. (2015). Current energy landscape in the Republic of South Africa. *International Journal of Hydrogen Energy* (Volume 40, Issue 46).

Quaschning, V. (2013). *Regenerative Energiesysteme. Technologie – Berechnung – Simulation.* (8. akt. Aufl. Ausg.). München.

Regelous, A. & Meyn, J.-P. (2011). Erneuerbare Energien – eine physikalische Betrachtung. *Didaktik der Physik – Frühjahrstagung.* Münster.

Rentzing, S. (2016). Schwieriger Weiterbetrieb. *neue energie* (06/2016), 62–65.

Wenzel, S., Habeck, R., Lemke, E., Al-Wazir, T., Remmel, J., Untersteller, F., Kerstan, J., Lohse, J., Siegesmund, A. (2015). *Stellungnahme der Ministerinnen, Minister und Senatoren an Minister Gabriel, BMWi, vom 05. August 2015 zum Eckpunktepapier zur EEG-Reform.* Von https://www.thueringen.de/mam/th8/tmlfun/aktuell/mi/anschreiben_gabriel_eckpunkte_bmwi.pdf am 10. Februar 2017 abgerufen.

Neven Josipovic

Das Spannungsfeld Windenergieanlagen – Drehfunkfeuer

Jedes Jahr wird die Errichtung von Windenergieanlagen, die zusammen mehrere Gigawatt Leistung erbringen könnten, aufgrund vermuteter Wechselwirkungen mit Flugsicherungseinrichtungen nicht genehmigt. Insbesondere bei Funknavigationsanlagen der Varianten VOR und DVOR führt eine im Rahmen des Genehmigungsverfahrens durchgeführte Prognoseberechnung häufig zu dem Ergebnis, die geplanten Windenergieanlagen könnten die Flugsicherungseinrichtungen „stören". Das OVG Lüneburg und zuletzt auch das Bundesverwaltungsgericht bestätigten das Vorgehen der Fachbehörde. Sie sprachen ihr eine Einschätzungsprärogative zu, da es unter anderem an ausreichenden den wissenschaftlichen Erkenntnissen fehle. Dieser Band fasst die Ergebnisse bisheriger Flugvermessungen und operativer Untersuchungen sowie Ansätze zur elektromagnetischen Simulation zusammen und identifiziert einschlägige Erkenntnisse. Dabei geht der Autor der Frage nach, weshalb das OVG Lüneburg zu dem Schluss gekommen ist, es lägen keine einschlägigen wissenschaftlichen Erkenntnisse vor, und prüft diese Annahme vor dem Hintergrund der dargestellten Untersuchungsergebnisse auf ihre Belastbarkeit.

2016, 58 S., 10 s/w Abb., 2 Tab., kart.,
14,50 €, 978-3-8305-3721-2
eBook PDF 12,– €, 978-3-8305-2166-2
(k:wer-Texte)
ISSN Print: 2367-2900
ISSN Online: 2367-2919

Publikationen der Koordinierungsstelle Windenergierecht

Herausgegeben von Prof. Dr. Edmund Brandt

BWV • BERLINER WISSENSCHAFTS-VERLAG

Markgrafenstraße 12–14 | 10969 Berlin
Tel. 030 84 17 70-0 | Fax 030 84 17 70-21
www.bwv-verlag.de | bwv@bwv-verlag.de

Berliner Wissenschafts-Verlag

Gary Hohlstein

Ausschreibungen in der Windenergie

Ausgestaltungsoptionen sowie Ziele und Vorgaben des Gesetzgebers

Betreiber von Erneuerbare-Energien-Anlagen erhalten bisher einen festen Vergütungssatz für den von ihnen produzierten und in das Verteilnetz eingespeisten Strom. Die Voraussetzungen für eine Vergütungszahlung und die Vergütungshöhe sind im Erneuerbare-Energien-Gesetz festgeschrieben. Gemäß § 2 Abs. 5 des EEG läuft das aktuelle Festvergütungssystem jedoch zum Jahresende 2016 aus. Ab 2017 sollen die Vergütungszahlungen für Anlagenbetreiber in einer wettbewerblichen Ausschreibung ermittelt werden. Das konkrete Konzept des neuen Ausschreibungssystems und die möglichen Auswirkungen auf die Windenergiebranche sind Gegenstand der Diskussion zwischen dem Gesetzgeber und verschiedenen Interessengruppen. Der vorliegende Band beleuchtet die grundlegenden Ausgestaltungsoptionen eines Ausschreibungssystems und analysiert die hierbei vom Gesetzgeber vorgegebene Zielrichtung.

2016, 58 S., 4 s/w Abb., 2 Tab., kart.,
16,90 €, 978-3-8305-3667-3
eBook PDF 14,99 €, 978-3-8305-2136-5
(k:wer-Texte)
ISSN Print: 2367-2900
ISSN Online: 2367-2919

Publikationen der Koordinierungsstelle Windenergierecht

Herausgegeben von Prof. Dr. Edmund Brandt

BWV • BERLINER WISSENSCHAFTS-VERLAG

Markgrafenstraße 12–14 | 10969 Berlin
Tel. 030 84 17 70-0 | Fax 030 84 17 70-21
www.bwv-verlag.de | bwv@bwv-verlag.de

Berliner Wissenschafts-Verlag